敬畏神，讓你無所畏懼

6週領受改變你一生的智慧

The Awe of God

The Astounding Way a Healthy Fear of God Transforms Your Life

John Bevere
約翰·畢維爾——著
陳建宏——譯

目錄

第二週　我們原本的樣子

第三週　難以抗拒的聖潔

第四週　回應上帝的話語

第五週　與上帝的親密關係

第六週　寶藏的好處

編按：本書關於聖經部分的中文譯本，以和合本及現代中文譯本為主。少部分譯者酌以大意及作者使用聖經版本搭配上下文，略有微調。

—專文推薦—

敬畏神，你人生旅途的安全帶

楊欣怡

我近半百，在十六年前才正式受洗成為神的兒女。

我是一個非典型基督徒，家中也沒有親人或長輩跟基督教有任何連結，印象中第一次進教會是因父親軍中的一位同袍叔叔退伍後成為牧師，在我家巷口牧養一個教會，在叔叔力邀之下，我跟妹妹才一同開始去教會，每次去教會就是聽牧養青年牧區大哥哥大姊姊們的經驗分享，比較像是去交朋友，時常覺得好像跟教會的人格格不入、很難融入；有一回主日學，看到了小學同學是當天的司琴，彈奏著悠揚聖歌的模樣好神聖，讓我好生羨慕，總覺得坐在司琴椅上的她全身散發光彩。正當我在欣賞這個畫面時，我看到了她的臉頰緩緩流下了眼淚，彷彿是因為被這首聖歌的旋律以及歌詞而感動，當時對同年齡大概十五六歲的我來說非常震撼，因為當時的我不能理解，只是一首詩歌，為何能如此被觸動？當時心想，主耶穌很挑人，我應該是沒有被挑到的那一個。因為升學要補習的關係，之後近二十年再也沒有踏進教會一步了。

人的盡頭就是神的起頭，十六年前因工作不順利之故，好朋友三番兩次邀請我去教會再認識神，但因為心硬不服輸的關係，一直到某天因為工作緣故，太痛苦了，主動跟這位好朋友說，請他帶我去主日，我不確定當時的我想要尋求甚麼，只是當時的困境已讓我求助無門，心想就死馬當活馬醫吧！猶記得當天，結果好友不克前往，我只好硬著頭皮，自己走進台北真理堂的主日，順著流程先唱詩歌敬拜，主耶穌突然感動我，我一面跟著敬拜團唱著詩歌，但不爭氣的眼淚竟不由自主地滑下，一發不可收拾，幸好大堂唱詩歌的人聲音都很大，我哭到啜泣哽咽，整個身心靈感到被安慰、被同理，疲憊的心靈感受到神在我身上做工，我的心靈被大大的醫治。神啊！你終於挑中了我，當時無知的我，渺小得這樣認為著。

信主十幾年，時有顛簸，但從沒有離開耶穌，因為祂一直在我身旁，當我尋求祂，就尋得見，主耶穌在我生命中不只是扮演父親的角色，也是母親，也是朋友，但無論主耶穌在我生命中扮演甚麼角色，不變的是我對主耶穌的崇敬，崇高的尊敬，就是「敬畏」；「敬」是因為我感謝主賜給我生命，給我力量與盼望，祂支應我的所求所想，雖有時給我一個又大又難的任務，但祂也會給我足夠的智慧與資源，時常讓我感覺到自己的生命在一次次的挑戰中，又獲得新生與進化；而「畏」是因為我知道祂是至高無上滿有權柄的主，祂褓抱我、保護我，就像是做母親的時常會板起臉來，警告孩子不能去玩火，背後是要讓我不受危險，能夠平安，對主耶穌的「畏」也是這樣，當我生命越來越成熟，我更享受「敬畏」主的喜樂，祂就像是車上的安全帶，在經歷人生旅途時，把安全帶繫好，便能平安地優游人生。〈箴言〉九章十節說：「敬畏耶和華是智慧的開端，認識至聖者便是聰明。」我想，我們應該都希望成為智慧又聰明的人吧！

我們站立在世上時常感到無力，樂不敵苦，除了要對抗魔鬼的謊言與攻擊，還要對付自己的老我，更遑論近末世的世界充滿了戰爭、意外或天災人害，人心容易軟弱敗陣下來，懂得支取神的恩典與力量、吃喝靈糧成為我們唯一抵擋的武器。

《敬畏神，讓你無所畏懼》這本書跟一般基督教叢書不太一樣，它特別設計應用五個工具，來幫助強化該章內容的功能，也就是當你讀完一章的時候，你可以花點時間去思想「屬於你的內化練習」，它含有五個「P」：

1. 經文（Passage）
2. 要點（Point）
3. 默想（Ponder）
4. 禱告（Prayer）
5. 宣告（Profession）

這本書淺顯易懂，每個章節的分量輕盈適中，能夠妥善安排時間，每天讀一點，重點是能運用上「屬於你的內化練習5P」，更能夠將這靈糧吸收得更好、更為飽足，推薦給已是基督徒的弟兄姊妹，以及正在渴慕神的慕道友一同來閱讀。

（本文作者為台灣赫斯特媒體集團發行人暨營運長）

—專文推薦—

從畏懼到敬畏

蔡茂堂

很高興有機會讀到約翰．畢維爾牧師所著作的這一本書《敬畏神，讓你無所畏懼》。這是一本適合忙碌生活現代人的小書。在開始一天奔波之前，能夠先讓自己安靜在神的面前，聆聽聖靈向我們內心深處的沉寂耳語（silent whisper）。

如果你願意用六週的時間，每天清晨唸一篇短文，唸完後背誦一節經文、深思其要點、默想對你的意義、向神回應禱告與立志宣告，我相信經過一個半月之後，你對於「敬畏神」（The Awe of God）這個和你靈命健康關係深切的主題，會有全新的認識。你和神的關係也會日漸親密，你的一生將更蒙神保護與祝福。

我們所相信的神既是慈愛，也是公義（詩 145:17）。就人類的理性而言，這是不容易瞭解的悖論（paradox）。我們與神的關係也存在著親愛與害怕的矛盾關係。當我們感到神的慈愛時，我們與神的關係會傾向親愛親暱；當我們面臨神的公義時，我們與神的關係會傾向害怕疏離。

根據畢維爾牧師的描述，我們對神的害怕（fear），可以再區分為畏懼（dread）與敬畏

（awe）。當耶和華親自臨在西乃山，要和以色列民親近時，眾百姓看見雷轟、閃電、角聲、冒煙時，發顫恐懼，遠遠站立。只有摩西挨近神所在的幽暗中。摩西對百姓說：不要懼怕；因為神降臨是要試驗你們，叫你們時常敬畏他，不致犯罪（出 20:18-20）。摩西這句話，很清楚的區分「畏懼神」與「敬畏神」之間的差異與關係。如果我們時常敬畏神，不致犯罪，當神臨在親近我們時，我們就不會因為犯罪而畏懼神，想要遠離神。

我們可從耶和華呼喚亞當要和亞當親近時，亞當的畏懼反應，以及耶和華呼喚摩西要和摩西親近時，摩西的敬畏反應，看到兩者明顯的對比。

天起涼風，耶和華到伊甸園行走，亞當與妻子夏娃聽到耶和華的腳步聲，因為他們悖逆神的命令，吃下不可吃的樹上果子，產生畏懼反應，躲到樹叢中，躲避耶和華的面（創 3:8-10）。

摩西在米甸曠野牧養岳父葉忒羅的羊群。耶和華在荊棘火焰中向摩西顯現。摩西對神產生敬畏反應，他一方面怕看見神而蒙上臉，同時卻很想看清楚神顯現的異象，而向前親近神（出 3:2-6）。

德國神學家魯道夫．奧托（Rudolf Otto）深入探討這種宗教經驗，出版了《論神聖》（*The Idea of the Holy*），書中描述摩西在曠野與神相會遇的經驗為「神聖相會（The Numinous）」。神聖相會的宗教經驗是超越理性解釋、倫理思辨、語言描述、知覺感受的獨特經驗。他使用一個拉丁片語（mysterium tremendum et fascinans）來嘗試表達這種「神聖相會」的經驗，如果我們把這句拉丁片語直譯為英文，可以譯為“trembling and fascinating mystery”，中文則是「戰兢又吸引的神祕」。

當人類與神聖相會時，會產生三種反應：

1. 神祕反應：神聖是一個「絕對他者」的存在，人類無法對其分析、瞭解、描述或掌控。只能目瞪口呆、啞口無言（提前 6:16）。

2. 戰兢反應：神聖是一個「超大權能」的存在，人類在祂面前自覺渺小、不配、恐懼、戰兢。導致敬畏謙卑、俯伏下拜（創 18:27）。

3. 吸引反應：神聖是一個「超然慈愛」的存在，人類在祂面前自覺被吸引、渴望、依靠、親近。盼望得到恩典、憐憫幫助（來 4:16）。

畢維爾牧師幫助我們清楚分辨「畏懼神」與「敬畏神」之間的差異後，就逐步帶領我們如何從「畏懼神」轉變成為「敬畏神」。他用 godly fear（屬神的害怕）與 holy fear（聖潔敬畏）來表達敬畏神。他幫助我們區分神的兩種臨在：

1. 神客觀上無所不在（詩 139:7-8）
2. 神主觀上顯現臨在（約 14:21）

只有在神主觀上顯現臨在時，我們才會產生「敬畏神」的反應。當我們尊主的名為聖時，才能經歷神主觀上顯現臨在。當我們心靈的眼睛被聖靈打開，看見神的榮耀時，我們才會尊主名為聖，產生「敬畏神」的反應。

當神顯現臨在時，我們如果沒有產生「敬畏神」的反應，就會遭致神公義的審判，就像亞倫兩個祭司兒子拿答與亞比戶在壇前獻凡火，立刻被神烈火燒死（利 10:1-2）。神不只是會審判我們不敬畏神的外在行為，神也會鑒察並審判我們不敬畏神的內在動機，就像初代教會亞拿尼亞與撒非喇公開欺哄使徒彼得與聖靈，立刻仆倒彼得腳前斷氣（徒 5:1-5）。這對夫妻的動機可能是企圖在別人心中產生美好的形象的假冒偽善。他們在意的是別人對他們的稱讚，卻忘記我們都要面對基督台前的審判。

神的救恩不只是讓罪人悔改，信靠耶穌十架捨命而被神稱義，免去罪刑的一次事件；也包括在因信稱義之後，經歷聖靈內駐轉化而逐漸成聖的一生過程。在這過程中我們要避免以表面虔誠的宗教行為來自欺欺人；我們要以「聖潔敬畏」的生活態度來遠離神所恨惡的一切邪惡。

我們在成聖過程中，要以「聖潔敬畏」的態度來遵行神所啟示的話語。我們對神的命令要立刻順從、超越理性瞭解、不求個人利益、願意忍受痛苦、直到完成使命。當聖靈用極微小的聲音對我們的良心說話時，我們就要立刻聽從，以免我們的良心像被熱鐵烙慣，逐漸變得麻木不仁，完全聽不見聖靈的聲音。

當我們以「聖潔敬畏」的態度遵行神的話語，我們與神的關係將會越來越親密，從主僕關係發展成為互相深入分享內心祕密的朋友關係，最後從朋友關係更進一步發展成為「羔羊新婦」的親暱關係，與神完全合一。這樣的關係同時也會帶來我們生命的豐盛、榮耀、永恆。

盼望這六週的清晨靈修所領受的，可以改變我們對神的信念、翻轉我們對神的態度、轉化我們與神的關係，給我們帶來神的喜悅、保護、與祝福。

（本文作者為前和平教會主任牧師、埔里基督教醫院顧問牧師、天梯夢協會理事長）

—專文推薦—

狂妄自大，輸了還是贏了？

劉曉亭（劉三）

如果有人問：通往快樂的捷徑……

我會毫不猶豫地回答：狂妄自大！這不是玩笑話，這正是現代文化！

人類花了幾千年尋找快樂的祕訣，我們探究了音樂、醉心於藝術、瘋狂於經濟、驚喜於科技，卻發現這些帶給我們的愉悅都過於短暫。

然後，我們終於發現，「為所欲為」才是終極的快樂之道。原來，我們努力這麼久，擁有這麼多前所未有的成就，就為了達到「想怎樣、就怎樣」的境界，沒有人可以阻止我們。

於是，現代人丟棄了道德與傳統，掙脫了所有的枷鎖，只要有網路，只要有手機，我們暢所欲言，我們隨時玩樂、揪團共歡，誰敢說一聲「不可以」，我們就置他於死地。

沒錯，不可以有人反對我、糾正我、警告我，我不需要任何人的意見，也不必請教任何人，生物科技足以讓我永保青春。身為現代人，我無所畏懼。

一個人只要足夠自信，勇於挑戰，不要在乎別人，活在自己的世界裡，他就可以擁有自給自足的快樂。

可惜，只要活得夠久，我們就會發現，最後……我們還是輸了。

狂妄自大讓我們無法擁有真正的友誼與親情。

狂妄自大讓我們無法擁有真正健康的自我形象與心理狀況。

狂妄自大讓我們的自我無限放大，無邊無界到我們根本無法定義自我。

暮然回首，我們忽然發現：「心懷敬畏」才能讓我們真正快樂。敬畏不是惴惴不安的恐懼，像一隻曾經受虐的小狗，永遠夾尾縮頭，悻悻然縮在角落。

相反地，對生命的敬畏讓我們找到生命的定位，接受自己的有限；與權威關係友好，與同輩攜手並肩，對弱勢將心比心；因為我們敬畏造物主訂下的規律法則，不做損人不利己的事。

歷史中有一位古埃及宰相約瑟，身世坎坷，被其眾兄賣去他鄉為奴；卻因為敬畏上帝，將一切不幸視為人生的考驗，沒有半句怨言，最後從冤獄中升為宰相，多年來的所有冤屈都成為鍛鍊他的養分。即使遇到美色引誘，也因為他對上帝的敬畏，堅守了男女分際，保住了內在的正直剛強，最後昇華為一個時代的偉大管理者。

另一個敬畏的例子是古巴比倫帝國的一位總長，但以理。他從年少就時運不濟，遭遇國破家亡，被擄他鄉；他也選擇了不抱怨，懷著敬畏盡上本分。他拒絕皇室提供的錦衣玉食，自甘白水素菜，他也沒有走上孤芳自賞的僻靜，而是貢獻所學，認定上帝安排他的大時代，堅持一日三次面向故鄉耶路撒冷，向上帝禱告；甚至因此被惡人所陷，丟進獅子坑，最後蒙神保守、安然無恙，成就了一代傳奇。

可見，敬畏上帝、敬畏生命，才是自我實現的正途；狂妄自大的結局，只是人生的輸家。論到「敬畏」這項古老的傳統，本書作者便如同廚藝大師般，以精妙的刀法為讀者仔細剖析了到底什麼是敬畏，甚至輔以細膩的手藝，調出了敬畏的美味，讓原本讓人望而生畏的主題瞬間成了令人讚嘆的佳餚。

願讀者諸君也能從本書的敬畏品出一條現代人的康莊大道。

（本文作者為聖地雅歌臺灣基督教會主任牧師）

獻給我完美的妻子、最好的朋友和摯愛的愛人：
麗莎．畢維爾（*Lisa Bevere*）

「敬畏上主的女子應受讚揚。」（箴言 31:30）

我在我們結婚四十週年寫下此書。
與你共度的每一年都變得更好，如果還有一次機會，
我會毫不猶豫地再與你共結連理。
沒有言語能形容你為我帶來的幸福和喜悅；
沒有你的愛與支持，
我不會成為現在的我。
你智慧、風趣、開朗、堅強、
愛冒險又美麗動人。
我永遠愛你。

閱讀之前

如何閱讀本書

親愛的讀者：

這不是一般隨便的訊息，這是關於一生的訊息。一旦接受並採取行動，它將永遠改變你。我對這點如此有信心，因為其中的真理不只改變了我，還有無數其他的人。當有人跟我尋求建議，不論是關於婚姻、家庭或事工，我都會立刻想到這本書的內容。

有鑑於它的重要性，我花了很多時間和沉思祈禱來思考如何呈現它。考慮到我們當今生活的浮沉起落、我們對日程安排的要求和快節奏的生活步調，我覺得有必要以一口可吞的大小來呈現這些真理，讓大家能夠小量而深刻地思考這些片段。

你可能第一眼會覺得這是一本靈修書，但我跟你保證不是。讓我說明一下：靈修書通常每日有不同主題，而不同主題之間未必會組成明確系統性的訊息。雖然這本書看起來像靈修書，但每天的內容都是建立在前一天的章節之上，形成了一本典型的非小說書籍。這樣做的好處是，你可以自己決定要怎麼讀。如果你喜歡，當然可以在一兩天內把它讀完；然而我強烈建議你用六週（一天一章）或三週（早上一章，晚上再一章）來閱讀。

每一章的結尾，你會看到五個工具，幫助你深化該章內容的好處——我們把這個部分稱為「屬於你的內化練習」，它包含五個「P」：

1.經文（Passage）：我會截取聖經中的經文，可能其對主文訊息有重要意義，或該章節主文未提及但能強化內容。我高度推薦背誦這些經文。

2.要點（Point）：這是章節當中主要思想，用來強調其重要性。再次看到能增強效果，並在複習章節時，提供一個快速的參考。

3.默想（Ponder）：這一點極為重要。詩篇作者說道：「我要默想你的訓詞，看重你的道路。」（詩篇／聖詠 119:15）[1] 我們思來想去以默想如何應用上帝的話語到我們當下的情況。如此做的同時，我們被告知我們將有亨通的前途，和偉大的成功（約書亞記／若蘇厄書 1:8，詩篇第 1 章，提摩太前書／弟茂德前書 4:15）。

4.禱告（Prayer）：還會有一個禱告來對應各章的教導。讓上帝聽見我們的聲音很重要，同時也給予祂許可，來根據祂的話語改變我們。

5.宣告（Profession）：我們被告知「生死在舌頭的權下」（箴言 18:21）。當宣告祂對我們的宣告時，我們的身、心、靈將與上帝的旨意保持一致，這是證實能體驗最完整生命的方法。

1. 譯注：本書中出現的聖經相關名詞（如章節名、人名等）在全書首次出現時，以基督新教／天主教通用譯名對照的方式呈現，方便讀者閱讀。

我再次鼓勵各位花時間慢慢閱讀這本書，讓上帝的話語穿透到你的心靈；接下來的數週每天沉浸在這些真理中，讓這些真理深入並在你的生活裡扎根。這不只是知識，更是帶領你更接近上帝的路徑。我還建議各位閱讀章節時，每天按照「屬於你的內化練習」的五個 P 來進行，並準備一本日記，把你的思考和禱告寫在日記上，這樣日後回顧時，就可以參考聖靈在你心中所啟示的內容。

還有幾個建議：首先，使用你的智慧型手機或手錶計時，看看你閱讀一章、進行「屬於你的內化練習」和寫日記所需要的時間。不用急，這不是比賽。使用計時器的原因是讓你在閱讀幾個章節後，能根據你平均的時間，在接下來的章節中，更明智地規劃你的時間。

其次，試著培養習慣，別讓任何事中斷你每日設定好的時間。我祈禱，希望你在閱讀此書時，上帝會把過去四十年在我身上的作為，同樣在你身上施行。

第三，當我教導一個訊息或與一群朋友分享時，它總是帶來最大的效益。選擇幾位親近好友一起進行，在你自己與聖靈完成章節時，跟你的朋友聚會時分享祂對你所顯示的。記得要經常規律地做。

如果你喜歡團體的方式，我們還開發了敬畏上帝的聖經學習，其中包含影片課程和學習指南，你和朋友們可以每週一起進行。[2]這能夠提供更多討論上帝話語的工具，聖經說到：「敬畏耶和華的彼此談論，耶和華側耳而聽，且有紀念冊在他面前，記錄那敬畏耶和華、思念他名的

人。」（瑪拉基書／馬拉基亞 3:16）

最後，我們有四十二部影片加強每章的核心理念，只要到附錄，掃描 QR 碼。在當中，你還可以找到有關小組學習的影片課程和其他加碼內容。

我祈禱你在閱讀這本書時，能與上帝更親近。閱讀前言很重要，不要跳過直接到第一章，因為前言能讓你對要討論的內容敞開心扉。我衷心期盼得知你在讀完這本書後，你的信仰和生命如何受到對上帝的敬畏影響。

約翰．畢維爾

P.S. 請不要跳過前言。我祈禱它會在你心中點燃火苗，培養聖潔的敬畏，一頭栽進這個信息。

---

2. 帶領你的小組或整個教會進行《敬畏神，讓你無所畏懼》（*The Awe of God*）影片聖經研究。在約翰．畢維爾的引導下，更深入地探究上帝的話語，關於敬畏上帝的內容，並學習如何活出這種健康、神聖的美德。你可以在你喜愛的書店尋找《敬畏神，讓你無所畏懼》聖經研究指南（*The Awe of God Bible Study Guide*）及媒體串流影片（*Streaming Video*）。你可以在 ChurchSource.com 找到小組價格、講道大綱和教會資源。

前言

敬畏上帝讓人生如花燦爛

恐懼，多年來人們一直努力想要終結它。許多人研究它、與它對抗，並提倡將其影響從我們的生活中消滅。甚至富蘭克林．羅斯福總統的名言也強調：「唯一需要恐懼的，就是恐懼本身。」所有的平台都在大聲疾呼，告訴我們需要找出克服恐懼的方法，我們可以找到成百上千的心靈勵志書籍，千方百計來幫助我們達成這個目的。自從一九八〇年代末以來，世界各地的人們都穿著印有「無懼」字眼的衣服。我們似乎死命地要把恐懼從生活中消除。

這場聖戰似乎師出有名，雖然在許多方面確實是這樣；然而事實是，並不是所有的恐懼都是不好的。為何要如此偏執呢？我想是因為把所有的恐懼都歸於同一種類型、同一個「有害」的標籤下。但這個假設精確嗎？

首先必須承認破壞性的恐懼確實存在，即使這些恐懼看起來都很合理。如果我們恐懼失去財物，我們可能會錙銖必較，變成一個吝嗇鬼和囤積狂，看重我們的財產勝過其他任何東西。如果我們恐懼失去另一半，我們就會緊抓著對方不放，或覺得她／他的一言一行都十分可疑。不論哪種情況，都會導致憎恨，最終傷害了關係。假如我們深怕錯失了什麼——患了錯失恐懼症（FOMO），可能導致我們不斷追求新的刺激和新的經驗，但代價可能是失去健康的社群、真正的連結，還有承諾所伴隨的美麗祥和。又若我們恐懼孩子的安全，可能會過度保護而使孩子窒息，進而阻礙了他們的成長。這份恐懼清單可以無限延伸。

從另一方面來看，建設性的恐懼能產生有益的智慧。像是恐懼跌落兩千英呎的懸崖，給了我們智慧來與懸崖邊緣保持距離，避免腳滑；恐懼大灰熊的力量，讓我們有智慧不去挑釁母熊的寶寶；恐懼三級灼傷，給予我們智慧從熱烤箱拿出烤盤時戴上防護手套。

然而，即使是建設性的恐懼，仍有可能被扭曲而損害了我們的生命。如果沒有覺察，恐懼跌落可能讓我們無法坐上飛機，進而讓我們禁足；無節制對大灰熊的恐懼，可能讓我們在森林裡愉快散步變得不可能；而畏懼灼傷可能使我們無法打開火爐享受在家烹調美食的樂趣。

我們真正要問的是：我們最畏懼什麼？這比聚焦在如何終結毀滅性的恐懼，或管理建設性恐懼更有意義。這是一個有智慧的問題，如果適當地回答，將能正確衡量所有其他恐懼，並提升我們的生活——不只是當前的，還有未來的。它為我們指明前往幸福成就的生活之道。聖經對恐懼多所著墨，而其基石正是：敬畏耶和華是智慧的開端（箴言 1:7）。這不是隨便的智慧，而是上帝的智慧。這可是很不賴的開始呢。

想一想：要是恐懼——正確聚焦的恐懼——是一種美德，情況會是如何？如果敬畏上帝是與祂形成真正連繫的道路？如果這個聖潔敬畏正是開啟我們通往美滿生活之鑰，如同耶穌信徒過去幾世紀體驗的？如果這個敬畏能一掃所有其他恐懼——恐懼自己即將創業、恐懼政府可能的作為、恐懼你的孩子會發生什麼不好的事、恐懼自己患上憂鬱症、恐懼所有會導致心理疾病或引發低潮的事物（這清單可以無限延長）？

在我們開始旅程之前，容我做四項聲明：

1. 我們是人，人都會有恐懼。
2. 對上帝的敬畏遠比我們能想像的更深刻、更美好，也更親密。
3. 對上帝的敬畏吞噬掉所有破壞性的恐懼。
4. 對上帝的敬畏是一切善的開端。

有些人會正確地提醒我們，聖經告訴我們「不要畏懼」，因此導致許多基督徒做出「上帝不要我們畏懼」的結論。但這些經句意指破壞性的恐懼。此外，我能指出聖經中有近兩百個經句鼓勵我們「敬畏上帝」。不幸的是，在我們試圖排除生命中的任何恐懼（包括敬畏上帝的美德）的時候，我們信仰中的這個部分卻未受檢視、未受考驗，也沒留下好處。

對上帝的敬畏比我們所能想像的更榮耀、更令人驚嘆，甚至比我們所能想像的都更喜悅。在我們繼續的同時，我想要展示給你們，正確引導的畏懼——特別是敬畏上帝的美德——這能開啟一條路徑，通往你從未想像的生活。只有這樣，我們才能大膽地面對人生投給我們的任何考驗。以查爾斯．司布真（Charles Spurgeon）的話來說：「敬畏上帝，是所有其他恐懼的終結；

就像一頭強大的獅子，追殺眼前所有的恐懼。」[1]

我希望你讀了這本書，你會勇往直前、擁抱這個美德，剝去不屬於它的宗教外觀，發現它讓我們腳踏實地的良善。沒錯，不懼邪惡——但要發現這被誤解的敬畏上帝的美德，將如何讓你的人生如野花、燦爛綻放。

讓我們開始探索我們的上帝有多麼的令人驚嘆吧。

我們稱之為「敬畏上帝」！

1. Spurgeon, Charles. "Charles H. Spurgeon Quote," Quotefancy. Accessed November 15, 2022. https://quotefancy.com/quote/786372/Charles-H-Spurgeon-The-fear-of-God-is-the-death-of-every-other-fear-like-a-mighty-lion-it.

第一週

Week 1

An 令人敬畏又驚嘆的上帝
Awesome God

01 上帝的寶藏

Week 1 —— Day 1

敬畏神是祂的寶藏、是一顆精選的寶石，
只賜給……那些深受祂寵愛的人。
——約翰．班揚（John Bunyan）

有人告訴過你嗎？有一個潛藏的美德，是一切生命關鍵的本質，能為你解開存在的目的，並吸引造物主的臨在、保護及眷顧。它是所有崇高品格的根源和幸福的基礎，同時提供你可能面臨的不協調情況所需的調整。堅定地擁抱這個美德將可以延長你的壽命、獲得良好的健康、確保成功和平安，免於匱乏，並且保證一個崇高的遺產。

聽起來好得難以置信？你可能質疑手上的這本書是小說嗎？我跟你保證不是——我陳述的是事實。

如果你提出上述事實，大多數人可能會嘲笑並反駁：「這種美德不存在！」然而上述每項應許都是毋庸置疑的，這是出自有史以來最偉大的智者之一，他是受造物者啟示寫下這些文字，而我們的造物者是絕無謬誤的！

但在所羅門王（撒羅滿王）離世之前，他從自己所寫下的天賜之福中墮落，因為他的心背離了那智慧的源頭，因此與幸福之路分道揚鑣。

容我簡單敘述一下他的故事。所羅門從小的教育讓他擁抱這個美德，發展出崇高的品格和深刻的洞見；很快地他的領導力超越群倫，最終成為百萬人的統治者；向上帝請求之後，他獲得了令人驚嘆的智慧。事實上，他幾乎無所不知，他寫下了數以千計的智慧箴言，並譜寫了數百首歌曲。「他講論樹木花草，從黎巴嫩的香柏樹到牆上長著的牛膝草，又談論各種飛禽、走獸、爬蟲，和魚類。」（列王紀上 4:33）

這位智者達成了前所未見且至今仍無人可及的成功、財富和名聲，各國國王、王后、外交使臣和高層領袖長途跋涉，只為了能與他見上一面、聽取他的洞見，親眼目睹他傑出並有凝聚力的團隊。一位女王難以置信這樣的名聲，直到她親自拜訪所羅門並共處一段時間，她嘆道：「我所聽到的還沒有一半呢！你的智慧和財富比別人告訴我的要大得多了。你的僕人多麼幸福啊！他們可以常在你面前聆聽你智慧的話。」（列王紀上 10:7-8）

從我們讀的內容看來，他的人民快樂、努力有所成，貧窮基本上是不存在的，王國中的每戶家庭都有自己的房子和庭院。根據歷史記載「他們有吃有喝，非常快樂。」（列王紀上 4:20），他們的生活祥和而平安。

然而，隨著時間推移，這位著名的領袖最終還是偏離了引導他成功的道路；他變得自以為是，認為不需要再關注這種美德的智慧。他失去了方向，最終成為一個心懷怨恨的憤世者。他不是唯一一個因誤判而受苦的人，他領導的那些人同樣也走上了歧路。

對他而言，生命失去了意義，他寫下了自怨自哀的言詞：「萬事令人厭倦，無法盡述。」（傳道書／訓道篇 1:8）「做過的事還要再做，太陽底下一件新事都沒有。」（傳道書 1:9）他更戲劇化的指稱：「死的日子勝過出生的日子。」（傳道書 7:1）「彎曲的東西不能變直；沒有存在的事物不能數算。」（傳道書 1:15）他寫了整整一本書來描述生命無意義的存在；對他而言，一切都是虛華。這位曾經的智者，短時間內從成功的最高峰一下墜落到虛無悲觀的無底深淵，許多今日的心理學家診斷他罹患了嚴重的躁鬱症。到底一個人如何走入這樣的極端呢？

好消息是，他的故事沒有在消沉的谷底就結束，他最終回歸了生命最重要的美德。我們不知道他花多少時間寫這本悲傷絕望之書，但在最終章看到了他恢復的曙光，他以各種形式寫了七次（傳道書 12:2-6）「記住你的創造主」作為開頭，而結尾如下：

一切的話都說完了，總結一句：要敬畏上帝……謹守他的命令，因為這是人人應盡的義務。〔作者補充：祂創造的全部，也是上帝造物最初的目的、上帝旨意的內容、萬物的根源、所有幸福的基礎、對所有世上不協調狀態的調整〕。（傳道書 12:13）

珍貴的美德無他，就是敬畏神。作者所羅門王表示這是達成豐富圓滿人生的先決條件。我們在聖經中讀到：「凡敬畏上主的人，上主會指示他該走的路。」（詩篇／聖詠集 25:12）這條道路並不常見，因為不幸的，大多數人如同所羅門王在黑暗時刻一樣，相信是他們自身的智慧為他們帶來幸福和成功。聖潔的敬畏讓我們與造物者連結——只有祂知道什麼能增益我們，什麼能毀滅我們。

聖潔敬畏的重要性遠勝所有其他美德，聖經將之稱為耶穌的喜樂（以賽亞書／依撒依亞 11:3），同樣令人不可思議的：「以敬畏耶和華為至寶（以賽亞書 33:6）。停下來思考一下：這正是全能上帝的喜樂和至寶！太驚人了！稍後我們會深入探討這個令人驚嘆的事實，先讓我們回到所羅門王。

為什麼我要以他的成功、失敗和最終的復歸來開啟這個訊息呢？在我事工的最初幾年，一位智慧的領導發表了一段引人注目的話，這句話數十年來一直陪伴著我，他聲明：「我已經確立了一個一般原則，即避免將任何擁有完美記錄的人提拔到權威的地位。」

當被問及原因時，他回答：「我從一個人對失敗的態度比從其他事情得知更多他的人格特質；他們是否從失敗學到責任、懺悔，並成長？還是合理化其行為，把過錯推給其他人？這顯示他是否能承擔重責大任。」我從他的話學到：這顯示智慧是否是他最看重的價值。

所羅門並沒有完全了解到敬畏神的價值，儘管他是在聖靈的啟示下領悟的；因此，受誘惑而誤入歧途是非常有可能的。在他墮落之前，聖潔敬畏並不是他的至寶或喜樂，也不是他動機與行動堅不可摧的基礎。在跌跌撞撞、行愚昧之事，再最終復歸後，他更能充分掌握聖潔敬畏的偉大力量。

在類似的靈光中，耶穌門徒保羅（保祿）寫下：

> 我是攻克己身，叫身服我，恐怕我傳（福音）給別人，自己反被棄絕了（作者補充：經不起考驗、不被認同，被當作仿冒品拒絕）。（哥林多前書／格林多前書 9:27）

保羅了解珍視聖靈託付給他的智慧的重要性，而不犯下所羅門王同樣的悲劇性錯誤。隱藏於聖約中的真理顯示，這可以解放眾人，但如若他不把聖潔敬畏視為無價並謹守它，他也會變成無藥可救的憤世者——不適任、被否決，被當作仿冒品拒絕。

擁抱聖潔敬畏，將之視為最重要的至寶，能讓我們更有力量，在面對真理時保持謙恭；與此同時，讓我們保持在人生正道上，這會帶來非凡的回報。

在多數人視敬畏為負面或有危害性的同時，宣稱聖潔敬畏為有益和最珍貴有價值的好像違背了一般直覺。然而，基於聖經的權威，我可以對你保證，當我們擁抱它，我們將有力量持續走在人生正道上。我們將經驗與上帝真正的親密關係，還有其改變生命的益處——最大的好處之一是將我們轉變為耶穌基督的形象。就讓我們開始探索敬畏神的旅程吧。

屬於你的內化練習

經文：你一生一世必得安穩，有豐盛的救恩，並智慧和知識；你以敬畏耶和華為至寶。（以賽亞書 33:6）

要點：聖潔的敬畏是上帝的至寶；也應該是我們的。

默想：這份至寶是什麼模樣？就是珍視聖潔敬畏嗎？我如何接近它？如何處理？如何不失去它？

禱告：親愛的天父，我請求在這探索對上帝敬畏的途中，我會了解它、與它為鄰，並以此為喜樂。願它成為我的至寶，如同是祢的。願它賜予我得到圓滿成功人生所需的智慧和知識，一種在祢眼中令人喜悅的生活。同時，願我親愛的人得到啟發，願與我互動者能看到這個價值。以耶穌基督、我的上帝和救世主之名，祈求。阿們。

宣告：我選擇將聖潔敬畏視為生命中最大的寶藏，藉由這個行為，我將得到力量，持續走在幸福生活的道路上。

02

對照各種畏懼

敬畏上帝，是的，但不懼怕祂。

——J.A. 史班德（J.A.Spender）

一九九四年夏，我受邀在美國東南部主持一個布道會，那是大型的集會，兩年前的會議是由舉世聞名的福音教徒帶領四週，體驗了強大的覺醒。信仰復興布道會強調上帝的善、愛和喜悅，帶給許多人正面的影響。不幸的是，教會仍念念不忘信仰復興的經驗，沒有進一步了解上帝的心靈；本質上，他們停滯不前而失去平衡。

那時我才剛開始探索聖潔敬畏的旅程，我能看到它的重要性，但還在累積知識，所以對公開分享有所遲疑。即便如此，我強烈地感受到必須將這個疑慮拋到一邊，在第一個傍晚的布道就提出對上帝的敬畏。我走上講台，以我有限的理解對會眾說話。人們臉上露出茫然的眼神、毫無回應，這對我的信心沒什麼幫助，好像我是在對一群聾人說話似的。事實證明，我是對的，而我很快就會知道為什麼。

隔天傍晚，在崇拜儀式之後，主任牧師走上講台進行我以為是例行性的介紹，然而並不是；他花了十五分鐘更正我前一晚所說的內容。他充滿自信地說明：「對上帝的敬畏只在舊約聖經時期適用，但作為基督徒，我們沒有被賜予『畏懼的精神』（參考提摩太／弟茂德後書 1:7）。」

我坐在第一排，震驚不已，好似處於噩夢中；他越說，我越覺得不自在，他繼續說道：「在新約聖經裡我們被教導『愛裏沒有懼怕；愛既完全，就把懼怕除去』（約翰／若望一書 4:18）。所以，約翰昨晚教的是錯誤的，我希望能保護各位。」他又持續了好幾分鐘詳細糾正我的信息。

令我驚訝的是，他講完之後還是介紹我上講台主持。我記得那時一邊走上台，一邊暗暗想著：*在他剛做了那件事之後，我要如何對眾人主持聖事？根本不可能的事。*但事情就是發生了，而我得硬撐著，儘管內心只想逃跑。完全沒辦法思考，更別說對參加集會的眾人傳遞給予生命的訊息。

我一邊講話，思緒不斷回到他的糾正上，我甩不掉他說的話。這個經歷超現實又可怕，好幾次我得控制我的思緒才不會離題。我得跟「*忘了吧，別說了，快離開這裡*」的感覺對抗，真的糟透了。簡短說明後，我把講台還給他，快速地回到旅館，躺在床上茫然失措，感覺像個被拋棄的人。

第二天早上，我在旅館附近發現了一個安靜的工地，現場沒有工人在。我熱切地祈禱，期盼上帝的糾正。我誠摯地問：「主啊，我傷害了祢的教會嗎？我教導了錯誤的事情嗎？我束縛了祢的人們嗎？」

持續了好一會，祈禱的同時，我說的話開始有了改變。我不再懷疑那天晚上我傳達的訊息，並熱烈地祈求對聖潔敬畏有更多的了解。那是從我內心深處的請求，接下來發生的事令我驚訝；我並未感受到上帝對我失望，而是喜悅。祂開始對我顯示新約聖經中關於對上帝敬畏的眾多文句。很快地我不再困惑，而是大聲、熱情地喊出：「天父，我想知道對上帝的敬畏，我想身處其中！」

新約聖經的作者的確寫了牧師引用的句子，但同時也寫下其他的陳述：

- 門徒保羅寫下了：「要戰戰兢兢，不斷努力來完成你們自己的得救。」（腓立比／斐理伯書 2:12）
- 他還指示：「親愛的朋友們，既然我們得到這些應許，我們應該潔淨自己，除去一切使身體和心靈汙染的事物，在敬畏上帝的生活中達到聖潔。」（哥林多後書 7:1）
- 希伯來書的作者寫下：「就當感恩，照上帝所喜悅的，用虔誠、敬畏的心事奉上帝。」（希伯來書 12:28）
- 十二門徒的彼得寫下：「你們既稱那不偏待人、按各人行為審判人的（主）為父，就當存

敬畏的心度你們在世寄居的日子。」（彼得前書／伯多祿前書 1:17）

- 十二門徒猶大（猶達）宣稱：「要存懼怕的心。」（猶大書／猶達書第23章）
- 耶穌鼓勵我們：「那只能殺害肉體、卻不能殺滅靈魂的，不用害怕；要懼怕的是上帝，只有他能把人的肉體和靈魂都投進地獄。」（馬太／瑪竇福音 10:28）

我可以再列下去，隨著我們繼續，肯定會再提到，但我希望你抓到重點：聖潔敬畏是新約聖經的事實。這些只是我在祈禱時，耶和華帶到我心裡的部分經文。

我了解到那天上午牧師把「畏懼的心靈」和「對上帝的敬畏」混淆了。這有很大的差異，在摩西（梅瑟）帶領以色列人民到西奈山與上帝會合時所發生的事可以清楚地看到。

當所有人抵達後，摩西先與上帝私下會面，全能的神揭示祂強而有力的拯救背後的目的：

> 你要這樣告訴雅各家，曉諭以色列人說：「我向埃及人所行的事，你們都看見了，且看見我如鷹將你們背在翅膀上，帶來歸我。」（出埃及記／出谷記 19:3-4）

上帝施神力拯救的主要原因是要聚集所有人民到祂身邊。祂渴望他們、希望與他們見面，好讓他們像摩西一樣認識祂。然而，三天後，當上帝從山上下來並自我介紹，人們卻以急忙躲避回應。他們驚恐地向摩西叫道：「請你向我們說話，我們必定聆聽；若是上帝向我們說話，恐怕我們會死！」（出埃及記 20:19）為了安撫他們，他們的領袖回答：「不要懼怕；因為上帝降臨是要試驗你們，叫你們時常敬畏他，不致犯罪。」（出埃及記 20:20）

乍一看，摩西似乎自相矛盾：「不要懼怕」因為上帝到來了「叫你們時常敬畏祂。」這是他在自打嘴巴嗎？答案是否定的，摩西只是在區分「懼怕上帝」和「敬畏上帝」。再次強調，這其中存有相當大的差異。

懼怕上帝的人有不可告人的事。回想一下，在伊甸園裡，亞當和夏娃犯錯後，開始逃避上帝。他們的反應並沒有什麼特別的地方，類似的行為反應在聖經中那些不斷投向黑暗的人身上。然而，敬畏上帝的人沒有不可告人的事。他們懼怕的是遠離上帝。這一點在人們躲避上帝，同時間摩西接近上帝時得到清楚呈現。敬畏上帝的人不會暗自說：「我可以靠犯罪的底線多近而不掉進去？」他們會說：「我想要盡可能接近上帝，盡可能遠離那條線，直到我看不見。」

所以，在定義聖潔敬畏和討論它的益處之前，讓我們先釐清什麼不是聖潔敬畏。不是懼怕上帝而躲避祂。我們如何享受與一個人的親密關係，同時懼怕那個人呢？躲避恰恰不是祂喜悅的。在〈詩篇〉我們讀到：「你說：『你們當尋求我的面。』那時我心向你說：『耶和華啊，你的面我正要尋求。』」（詩篇 27:8）你聽到祂要你親近祂的呼喚嗎？祂想要你到祂身邊，跟祂互動，一起笑、一起分享、一起生活。詩篇作者還寫了：「耶和華與敬畏他的人親密」（詩篇 25:14）。牢不可破的事實是：上帝想要接近你，與你親密。所以，大可放心，聖潔敬畏不會消滅親密關係，事實正好相反——它增強了我們與上帝的互動。

屬於你的內化練習

經文：「不要懼怕；因為上帝降臨是要試驗你們，叫你們時常敬畏他，不致犯罪。」（出埃及記 20:20）

要點：聖潔敬畏不是懼怕上帝和躲避祂；而是害怕遠離祂。

默想：上帝把以色列人民從埃及帶出來的主要目的是什麼？上帝將我自世界的束縛中拯救出來的主要目的是什麼？

禱告：敬愛的天上的父，感謝祢透過我主耶穌基督，將我從恐懼的心靈解放。我求祢為我灌注聖潔的敬畏，好讓我不得罪祢，因為這會損害祢和我之間所渴望的親密關係。我奉耶穌之名祈求，阿們。

宣告：上帝叫我與祂親密；因此，我不懼怕上帝，但我敬畏祂，這樣我就不會犯罪。

03

什麼是聖潔的敬畏

Week 1 —— Day 3

敬畏神，是祂的理性造物最首要和最偉大的職責之一。

——查爾斯・英格利斯（Charles Inglis）

要用一個句子、一個經文或一個章節來明確定義聖潔的敬畏是不可能的。這與試圖在這同一空間解釋上帝之愛的寬廣沒有什麼不同。這至少需要好幾篇章，即便如此，我們的了解還是遠遠不夠。事實上，我相信我們將持續探索聖潔的愛與敬畏的深度，直到永恆。

話雖如此，讓我為聖潔敬畏的定義提供一個初步的輪廓。想像你回到童年，拿到一本著色本和蠟筆，你打開著色本，選了一頁，看到一個等待填上色彩的圖案；類似的方式，本章將給我們輪廓，但需要整本書才能填滿色彩。如果你只讀這一章，你會對聖潔的敬畏有個大致的概念，但會錯過它具有改造能力的真理。

上一章裡，我們確立了敬畏神並不會使我們遠離神——事實恰好相反。一種良善美好的敬畏將使我們更接近祂。在我們繼續之前，建立這個穩固的基礎非常重要。

有些人認為敬畏主不過是對神恭敬地崇拜，我曾從講壇上知名的牧師口中聽到這樣的話，也在與領袖交談中、共同用餐時聽過。儘管這樣的定義是一個開始，但遠不完整；就好像將上帝的愛僅僅定義為「忍耐與恩慈」（哥林多前書 13:4）。如果僅止於此，我們會錯失很多，與目標失之交臂。

我和麗莎在四十多歲時，一位受人敬重的領袖的女婿來我們家，分享投資他們公司的機會。我們見面了幾個小時，他表現出的親切和耐心我至今仍歷歷在目；如果你觀察他的行為，你也會同意他是一個慈愛的人。但經過幾天的禱告，麗莎和我沒有受到吸引去投資。現在，多年過去了，很慶幸我們沒有投資；因為他主導了一個大型的龐氏騙局，在監獄度過了許多年。

這個人有耐心和愛心嗎？肯定有。他以上帝的愛行事嗎？絕對沒有。為什麼？因為聖經告訴我們：「我們遵守上帝的誡命，這就是愛他了。」（約翰一書 5:3）偷竊是自私的，違反了上帝愛的誡命（以弗所書／厄弗所書 4:28）。一個兒童性侵犯可能很慈愛，甚至很有耐心，卻傷害一個年幼的生命。他愛那個孩子嗎？當然不愛！

同樣地，將聖潔敬畏侷限於恭敬的崇拜，可能讓我們偏離目標並受到誤導。因此，讓我們先初步描繪輪廓、概述一下，稍後再來以後續的章節加入教義、聖經的例子和故事，替這個輪廓加上顏色。在開始之前，我要提醒你，在定義聖潔的敬畏時，你可能會聽到一些令你恐懼的話，但我向你保證，相反的情況才是真實的。請持續關注這個信息，你將發現，聖潔的敬畏其實是造物主賜予我們愛和保護的禮物，因為祂深愛並渴望著我們。

我們可以以許多新約聖經經文揭開序幕，但我相信這個經文能為此建立基調：

> 所以我們既得了不能震動的國，就當感恩，照上帝所喜悅的，用**虔誠、敬畏的**心事奉上帝；因為我們的上帝乃是烈火。（希伯來書 12:28-29）

如果仔細觀察，你會發現引用了兩個詞：虔誠和敬畏，這顯示了聖潔的敬畏不僅限於虔誠，否則寫作者就只是用第二個詞來重複說一樣的東西。這兩個詞不僅在英語不同，在希臘文也是兩個不同的詞：*aidṓs* 和 *eulábeia*。

Reverence（崇敬）是第一個希臘詞的絕佳翻譯。《完整詞彙研究詞典》（*Complete Word Study Dictionary*）定義 *reverence* 為「深度的崇拜和敬畏」[1]，我非常喜歡這幾個詞合在一起，停下來思考每個詞能讓我們的理解昇華到另一個層次。

第二個詞 *godly fear*，帶有 *awe*（敬畏）的含義。我查了原先一八二八年版的《韋氏詞典》對 awe 的定義，結果如下：「由某偉大和異常的事物引發的恐懼和懼怕；使人因恐懼和尊敬受到衝擊；通過恐懼、恐怖和尊敬來影響他人。」[2]不要被恐懼和恐怖這兩個詞嚇到。儘管希臘詞典也使用了這些詞，但別忘了，聖潔敬畏具有吸引、而不是排斥的作用。因此，我們必須問：這些詞有積極、健康的面向嗎？我相信聖經顯示有。稍後我們在著色時會看到這一面向。

讓我們開始來列出我們的定義：

- 敬畏上帝是敬愛及完全地敬畏祂。
- 敬畏上帝是把祂神聖化（hallow）。神聖化的定義是「非常尊重」。
- 敬畏上帝是尊敬、尊重、榮耀、敬重和崇拜祂勝過任何人或事物。

當我們敬畏上帝，我們就開始具有祂的心思。我愛祂所愛，憎惡祂所憎惡的（注意：不是「不喜歡」祂所憎惡的，而是「憎惡」祂所憎惡的）。對祂重要的事物對我們也變得重要，對祂不那麼重要的事物對我們也就不那麼重要。

- 敬畏上帝是憎惡罪惡。
- 敬畏上帝是憎惡不公義。
- 敬畏上帝從各方面遠離罪惡——思想、言語和行動。避免說出虛偽的話，不會說出或做出違背內心和思想的行為或假象。它讓我們的外在行為與內心想法、動機和信仰保持一致。

---

1. The Complete Word Study Dictionary.
2. Webster, Noah. "Awe." In *Webster's 1828 American Dictionary of the English Language*. Editorium, 2010.

- 敬畏上帝在上帝和人們面前真正的謙卑行事。
- 敬畏上帝是給予祂應得的讚美、敬仰、感恩和崇拜。
- 敬畏上帝是給予上帝所有屬於祂的。
- 敬畏上帝是在敬畏和驚嘆中，戰競於祂的面前。對祂的言語和存在給予我們全然的關注。
- 敬畏上帝是順從祂；這不僅是一種渴望，更是一種內在的力量，決心不計代價地執行祂的意志。我們急切、樂意並馬上服從——即使我們看不到好處或不理解，仍會堅持完成。
- 敬畏上帝是避免任何形式的抱怨、牢騷或訴苦。
- 敬畏上帝是尊重、崇敬並順從於祂直接和授權的權威，並服從被祂委任的權威，唯一例外的是，當權威要求我們犯罪時。
- 敬畏主形塑了我們的意圖、思想、言語和行動。

現在讓我們列出聖潔敬畏的部分好處，以下是聖經對那些走在其中的人，所做的眾多應許的一部分。

- 敬畏主是與神建立親密關係的起點。我們成為祂的朋友，祂的奧密向我們顯示。
- 敬畏主是智慧、理解和知識的開始，它賦予我們遠見和清晰的神聖指引。
- 敬畏主是我們在救恩中成長，並且被塑造為耶穌形象的方式。
- 敬畏上帝是純淨的，它在我們生活中產生真正的聖潔。

● 遵循對上帝的敬畏能確保永恆的傳承。

● 敬畏主能產生自信、無懼和安全感，它去除其他所有的恐懼，包括對人的恐懼。

● 敬畏主賦予我們身分認同，讓我們具有生產力，也賦予我們繁衍的能力。

● 敬畏主提供天使的幫助、渴望的實現、持久的成功、高貴、影響力、長壽、富有成效的日子、生活中的愉悅、幸福、勞動的樂趣、身體的康復，以及更多的好處。

● 敬畏主是永恆不朽的——它永不消逝。敬畏主是來自天父的珍貴禮物。

屬於你的內化練習

經文：所以我們既得了不能震動的國，就當感恩，照上帝所喜悅的，用虔誠、敬畏的心事奉上帝。因為我們的上帝乃是烈火。（希伯來書 12:28-29）

要點：畏懼上帝就是愛神所愛，憎惡神所憎惡的。對祂重要的，也變成對我們重要；對祂不重要的，也變得對我們不重要。

默想：對我來說，怎樣才是尊敬、尊重、榮耀、敬重和崇拜上帝勝過任何人和事？

禱告：親愛的天父，請教導我如何敬畏祢的名字、聖言、臨在，以及祢的一切。願我能愛並以聖潔的敬畏為喜悅。聖靈啊，在我繼續這段旅程時，請在我內心教導並賜予我神的道路，讓我閱讀的不只是訊息；願這些話語改變我的人生，使我成為我主耶穌基督的形象。我奉耶穌的名祈求，阿們。

宣告：願我的言語與心靈的默想蒙神悅納。

04

上帝真切的臨在

Week 1 —— Day 4

祂的整個性格應得我們的尊敬，因為它至高無上地神聖。
祂的名字是一個令人敬畏的詞語，永遠不應輕率地提及；
在沒有認真思考和在祂面前誠心拜倒之前，也不該引用。

——司布真（C.H. Spurgeon）

正如先前所提，敬畏神似乎是違反直覺的。我們一聽到「敬畏」，心裡就會跟有害甚至是傷害的狀態聯想在一起。但我向你保證，敬畏神實際上是宇宙中任何生物所能擁有的最大信心、安慰和保護的力量。隨著旅程的繼續深入，我們將會發現這個真理。但首先，聖潔的敬畏可以分為兩個主要類別：

1. 對神的臨在戰競
2. 對神的話語戰競

這兩點我們都會討論到，但我們先從聚焦在第一點開始。詩篇作者說：「他在聖者的會中，是大有威嚴的上帝，比一切在他四圍的更可畏懼。」（詩篇 89:7）注意，這句話不僅僅說「有威嚴」，而是「大有威嚴」；這裡有一個堅定的事實：你永遠不會在一個沒有尊崇和敬畏上帝的氛圍中，發現上帝美好的臨在。

這在我一九九七年一月成為了現實。那時我受邀到巴西首都一個全國性的大會發表演講，我為第一次前往這個偉大的國家而感到興奮。飛機於清晨降落在巴西利亞，我有一天的時間在房間裡禱告、準備和休息。當天晚上，我們開車前往會場，我不禁注意到即使還沒到達，街上已經停滿了許多車輛。正如所料，停車場爆滿，顯示這次大會出席非常踴躍。

我在陪同下進了會場，在與幾位領袖見面後，我直接走向講台。對於將與預期中上千位渴切的信徒一同敬拜上帝，我非常興奮；然而，我的興奮並沒有持續太久，因為我很快就注意到現場缺乏上帝臨在的氛圍。我感到困惑，這是信徒的聚會，而這崇拜團隊是國內最優秀的，那為什麼會沒有祂的臨在？

在繼續之前，我想釐清一些關於上帝臨在的事。聖經指出了兩種類型。第一種是祂無所不在。大衛（達味）作證說道：「我往哪裏去躲避你的靈？我往哪裏逃、躲避你的面？我若升到天上，你在那裏；我若在陰間下榻，你也在那裏。……黑暗也不能遮蔽我，使你不見。」（詩篇139:7-8, 12）上帝的臨在保證：「我總不撇下你，也不丟棄你。」（希伯來書 13:5）

第二種臨在由耶穌的聲明指出：「我也要愛他，並且要向他顯現。」（約翰福音 14:21）其中「顯現」（*manifest*）是來自希臘詞 *emphanizō*，意思是「使明顯，讓自己被親近地認識和理解」。這是當神向我們的心靈和感官顯現祂自己時發生的事情。耶穌說：「因為無論在哪裏，有兩三個人奉我的名聚會，那裏就有我在他們中間。」（馬太福音 18:20）顯然祂不是在談論上帝的無所不在，為什麼祂需要這樣說呢？祂談論的是祂的顯現臨在，這種臨在在當晚的會場缺席了。我深切感受到這一點，閉上眼睛問聖靈：「祢的臨在在哪裡？」

我張開眼睛，很快就注意到之前我沒注意，但現在顯而易見的事情；大部分的人沒有專注於崇拜中。一些人雙手插在口袋或手臂交叉在胸前，漫不經心地四處張望，或看起來無聊；女性在她們的包包裡翻來翻去；許多人在禮堂裡走來走去，或者出去小吃攤買點心。很多與會者在笑、在交談，他們的行為就像是一群等待表演開始的觀眾。我心裡想著：*這情況肯定會停止，人們會開始投入崇拜中。*但事實並非如此。

令我驚訝的是，當敬拜的詩歌停止，其中一位領袖站起來讀經時，一切都沒有改變；只是現在沒了音樂，我可以聽到人們低聲交談的嘈雜聲。不敢置信目睹的一切，憤怒湧上心頭。這時，我聽到神的靈在我心中低語：*我要你直接面對這個情況。*

我走上講台，決定不說任何話，只是凝視著人們。我判斷唯一能引起所有人注意的方法，是停止所有講台上的活動。這方法起了作用，整整一分鐘的沉默，吸引了所有人的注意。人們的動作停止了，紛紛把頭轉向講台，整個氣氛陷入寂靜。此刻，我知道會場內所有的目光都集中在我身上。

我沒有以「很高興來到巴西」或「感謝你們的邀請」來做當晚的開場，我也沒有自我介紹，而是嚴厲地問了這個問題：「如果你正和坐在桌子對面的人交談，他們卻忽視你，盯著天花板，好像毫無興趣，或者跟旁邊的人聊天，你會怎麼想？」

在短暫的無聲後，我自己回答了這個問題：「你不會喜歡，對吧？」

我進一步追問：「如果每次你敲鄰居的門，他們都帶著一個冷漠的表情和單調的聲音說：「噢，是你喔。」你還會繼續去他們家嗎？

再次暫停之後，我回答：「絕對不會！」

然後我說：「你們認為宇宙之王會在一個不崇拜、不敬畏祂的地方，顯現祂的臨在嗎？」

這次我堅定地回答：「絕對不會！」

我接著說：「如果你們國家的總統站在這個講台上，他肯定會得到你們完全的關注和尊敬；或如果你們最喜愛的足球員站在這裡，你們大多數人都會坐在椅子最邊緣，迫不及待要聽他說的每個字。然而剛剛宣讀聖經話語的時候，你們對它漠不關心；對你們來說，那只是噪音罷了！」

然後，我在接下來的九十分鐘裡向人們講述了對主的敬畏。你幾乎能聽到針掉落的聲音，他們似乎有點被這直面的挑戰嚇到了，但仍然專心地聆聽。

演講結束，我發出呼喚：「如若你是信徒，卻沒有聖潔的敬畏，但願意悔改，請站起來！」百分之七十五的人毫無猶豫地站了起來，不久，在與他們一起禱告之前，神的臨在充滿了整個會場。當神的美好臨在觸摸到他們的生命時，人們開始啜泣或哭泣。這種聖潔的敬畏並沒有將他們嚇得遠離神，反而讓他們更加親近神。

接下來發生的事情是我在四十年事工中最令人驚嘆的經歷之一。但在進入那個故事之前，讓我們先以這些話語作結：

> 一聽到他的聲音，我就俯伏在地上，失去了知覺。突然，有一隻手扶我，使我用手和膝支撐著，但是我仍然全身發抖。天使對我說：「但以理呀，上帝非常喜愛你。站起來，留心聽我向你說的話；我是被差派到你這裡來的。」他說完這話，我就站了起來，仍在顫抖。（但以理書／達尼爾 10:9-11）

但以理在神眼中非常珍貴，然而他還是承受不住而昏倒在地；即使受攙扶而慢慢站起來，他還是不斷地顫抖。如果這種情況發生在使者——一位天使的面前——那麼當神親自降臨時，會發生什麼呢？

屬於你的內化練習

經文：他在聖者的會中，是大有威嚴的上帝，比一切在他四圍的更可畏懼。（詩篇89:7）

要點：我們只有在對神保持最高敬重的氛圍中，才能找到神的顯現臨在。

默想：因上帝臨在戰競意味著什麼？在我獨處時、在實際生活裡，如何實踐？當我跟朋友在一起時？當我在公共場所時？當我在教會服務時呢？

禱告：親愛的天父，我為我曾經以隨意和不敬的態度進入崇拜的環境，向祢祈求原諒。我悔改曾經將祢的臨在視為理所當然，把它當作平凡無奇。願耶穌的寶血洗淨我。我在祢面前謙卑，求賜我改變的恩典，無論我身在何處、所為何事，我都希望能意識到並尊重祢的臨在。我希望時刻都能心懷對祢敬畏、敬重的心。我奉耶穌的名祈求，阿們。

宣告：我將始終全神貫注於神的聖言，並在我的言行中尊崇祂的臨在。

05

令人難忘的一晚

Week 1 —— Day 5

在禱告前，努力了解你向誰的臨在接近，
你將與誰說話，並牢記你在向誰發言。

——聖女大德蘭（Teresa of Avila）

〈馬可福音〉（馬爾谷福音）證實主與門徒們一起工作：「主和他們同工，用神蹟隨著，證實所傳的道。阿們！」（馬可福音 16:20）這種合作始於耶穌升天後，而新約聖經中沒有告訴我們在祂回來之前合作會停止。

因此，讓我們回到巴西的那一晚。當呼籲人們悔改他們的不敬畏後，有百分之七十五的人站了起來。我低頭大聲禱告道：「主啊，請證實今晚所傳達的話語。」

片刻後，我聽到人群中傳來哭泣聲。接下來幾分鐘裡，神臨在的波動充滿整個氛圍，替現場參與者的心靈帶來清新和潔淨；即使在波動過後，一種美好的平和依舊繚繞著。

人們並沒有口頭請求寬恕，也沒有禱告，然而神的臨在卻因為他們的心改變就顯現了。默想過後，我意識到浪子的父親沒等聽到兒子請求寬恕，就跑向他了；僅僅是兒子的心意改變，加上回家的舉動，就引來父親熱情的擁抱和親吻。會場上似乎也發生同樣的事。

我們處於一個特別的時刻，眾人處於虔敬的無聲和柔軟的心靈狀態。引導他們進行一個悔改的禱告似乎是一個不錯的選擇，不需要太多洞察力就能看出他們的話語是真心誠意的。禱告片刻後，又一波神的顯現臨在充滿會場；我再次聽到人群中傳來嗚咽和哭泣，但這次更加激烈。這實在是美麗的一幕，然而幾分鐘後又慢慢平息了。

我對我們都感受到的兩種上帝顯現、那平和美好的臨在，所帶來的耳目一新，充滿感激。一種神聖的寧靜瀰漫在氣氛中，我們都保持著期待的心情。在寂靜中，我聽到了神的靈在我心低語：「我將再次顯現。」

我大聲說出我聽到的話，然而我們當中沒有人意識到接下來會發生什麼——一種與之前不同的臨在，即將與我們相遇。很難分享接下來所發生的事，因為言語無法形容。我即將寫下的內容可能顯得牽強、甚至不真實，但在之後的二十多年裡，許多人都證實了所發生的事。

想像你站在一片森林裡，突然一陣強烈風暴襲來，你聽到風從頭頂樹梢間呼嘯而過的聲音。穿過會場的風聲就像這樣。我們感受不到，但我們聽到了。幾乎在同一時間，參與者爆發出熱切的祈禱和呼喊；他們的聲音如雷般響亮，然而風聲大過他們的音量。我震驚不已，充滿敬畏，幾乎被祂的臨在嚇到了。我無法移動，無法說話，全身起了雞皮疙瘩。氛圍中有一種權威，是我從沒遇見過的。我想，這不是阿爸天父的臨在；這是我們神聖、威嚴、全能的君王！[1]

風聲持續了大約九十秒。隨著風聲逐漸平息，留下了一片哭泣的人們，有些人昏厥，有些人倒向他們前面的座位——但我們所有人都在敬畏中戰兢著。莊嚴的餘波持續了十分鐘左右，我無法說出任何話，大家都保持不動也不說話。然後，我把講台交給領袖，靜靜地被護送回車上。

那晚邀請的獨唱者和她丈夫，不久後也上了同一部車，她立刻喊道：「你聽到風聲了嗎？」

我不想直接承認，我想讓其他人而不是我來確認實際發生的事情，所以我回答：「也許是一家低飛的噴射機越過建築物上方。」（整個會場的上牆和天花板中間有一個間隙，作為通風之用，所以可以很容易聽見外面傳來的聲音，而不像封閉的建築那樣。）

她坐在前座，臉上露出震驚的表情，情緒激動地反駁說：「不是，那是上帝的靈！」

她的丈夫是個比較安靜的人，插話道：「先生，那不是噴射機。」

我問：「你怎麼知道？」

他回答：「會場外面有保安人員和警察，其中很多人不是信徒。當他們聽到風聲，都跑進來問我們團隊有關建築物內傳來的呼嘯風聲的情況。而且，我當時在主音控台（他在那裡確保妻

1.〈希伯來書 12:29〉告訴我們上帝是「烈火」；〈羅馬書 8:15〉告訴我們祂是阿爸天父。

子唱歌時的音量是正確的），沒有一點聲音透過音響系統傳出來；分貝計在風聲大響的期間都沒有記錄到任何聲響。」

他的妻子淚流滿面地繼續說道：「我看到火焰如浪一樣落在大樓，我能感覺到天使無處不在。」

我要求直接把我送到旅館。在途中我們保持沉默。那天晚上，我坐在房間的陽台上好幾個小時，能做的就是崇拜上帝；我對當晚所發生的一切感到不知所措。

第二天一早當我們進入禮堂時，氣氛完全不同了。前一晚崇拜時上帝顯現臨在的影響仍然顯而易見。人們心中對上帝的敬畏已經恢復，他們正以美妙的方式體驗祂的臨在與祝福。

如前所述，此後有一些人證實了那晚所發生的事，並透過信件、電子郵件和面對面的方式，分享了那晚對他們生活的影響。二〇一六年，我前往巴西戈亞尼亞市演講，接待牧師跟我握手時說的第一句話就是：「二十年前，我在巴西利亞的大會上，那陣風吹過；從那時起，我的生活再也不一樣了。」他是一個教會網絡的領袖，在短短十六年間成長到超過三十萬人。

二〇一九年當我的妻子在巴西主持一個大會時，另一個教派的一位領袖報告說，她也在二十多年前的那場風吹過的聚會中。她也回報說，她的生活從那時起就永遠地改變了。

感受神的臨在，對每個信徒的屬靈健康非常重要。過去，在禱告時進入神的臨在，對我來說非常困難。但有一天，我偶然做了一件事，我決定在開始禱告時不唱歌、也不說任何話，只是默想上帝的威嚴和聖潔；我幾乎立刻就感受到了祂的臨在。我決定第二天也做同樣的事，結果也是一樣的。第三天，又一次發生了。

我感到困惑，詢問：「主啊，為什麼過去三天對我來說，進入祢的臨在如此容易呢？」

我聽到上帝的靈說：「耶穌如何教導祂的門徒禱告呢？」

我開始引述主的禱告：「我們在天上的父，願人都尊祢的名為聖……」我大聲地說：「就是這樣！耶穌教導門徒經由對神的聖潔敬畏進入神的臨在！」現在我完全明白了。

大衛通過陳述：「我必存敬畏你的心向你的聖殿下拜。」（詩篇 5:7）確認了這個事實。上帝是我們的父，耶穌是我們的主和救主，上帝的靈深愛著我們。但也要記住：在新約中，上帝被稱為「烈火」（希伯來書 12:29）。耶穌讓最親近祂的約翰，也是深受喜愛的門徒，像死人一樣仆倒在地（啟示錄／默示錄 1:17）。而上帝的靈則是顯示上帝的大能，以引起整個城市的注意（使徒行傳／宗徒大事錄 2 章）、震動建築物（使徒行傳 4 章），還有許多其他令人敬畏的行為。

這是最重要的真理：**哪裡尊崇主，祂的臨在就在哪裡顯現。**

屬於你的內化練習

經文：我在你們那裏，又軟弱，又懼怕又甚戰兢。我説的話、講的道，不是用智慧委婉的言語，乃是用聖靈和大能的明證，叫你們的信不在乎人的智慧，只在乎上帝的大能。（哥林多前書 2:3-5）

要點：改變對主敬畏的氛圍。它能培養一個環境，讓聖靈的大能，改變我們和他人的生活。

默想：我是否期待並相信神的臨在和大能會顯現？我如何通過聖潔的敬畏來接近上帝、來改變我的禱告生活？我如何能達成這個轉變？

禱告：親愛的天父，如果我因為過去的經驗限制了祢的臨在顯現，或者因受他人影響覺得祢的力量有限，請原諒我。我將以聖潔的敬畏進入祢的臨在，對祢毫無設限。請超越我所能求、所能思、所能盼望的，顯示祢的大能。這是為了榮耀我的主耶穌，並在我影響所及的世界中，事奉眾人。我奉耶穌的名祈求，阿們。

宣告：只要我相信，並且以聖潔的敬畏來接近神，凡事都是可能的。

06

仰望祂

Week 1 —— Day 6

當與祂面對面，目睹祂令人驚嘆的聖潔和燦爛的榮耀，
我們會不敢相信，竟曾對祂漫不經心。

——喬伊．道森（Joy Dawson）

我們的聖潔敬畏與我們對神偉大的理解成正比增長。然而，這裡的事實是：「他的偉大無法測量。」（詩篇 145:3）因為祂的榮耀超乎理解，祂的榮耀不能探究；沒有界限、沒有限制、無法比擬。即便如此，我們還是要努力增進我們的理解。

大約在公元前七四二年，猶大的烏西亞王去世的那一年，先知以賽亞被帶到天堂，他看到上主坐在祂的寶座上，崇高而卓越，榮耀無比。祂的威嚴充滿了龐大的競技場，而這個建築很可能可以容納超過十億個生命。

以賽亞不僅對造物主感到震驚和不知所措，他還被盤旋在上帝寶座上方、被稱為撒拉弗的最高級天使所吸引。以賽亞從這些令人敬畏的存在口中聽到：

「聖哉！聖哉！聖哉！萬軍之耶和華；他的榮光充滿全地！」（以賽亞書 6:3）

我們當中有許多人熟悉經典詩歌「聖哉，聖哉，聖哉」，這首歌包含了相同的詞句，這首詩歌是在十九世紀由約翰．巴克斯．戴克斯（John Bacchus Dykes）創作的，這是一首已經超過兩百年的教會基本合唱曲，被視為敬拜時的柔和旋律。然而，這與以賽亞所目睹的情況大相逕庭。這些巨大的存在並不是在唱一首美妙的歌曲來讓神感到愉悅；相反地，他們是在回應他們所看到的！他們看見祂無法探究的偉大的新的面向，不斷地被揭示，而他們所能做的就是呼喊：「聖哉，聖哉，聖哉……」。

撒拉弗並不會重複三次「聖哉」。當希伯來作家，如以賽亞，試圖強調一個詞語時，會把它寫兩次；我們可以在耶穌的話語中看到這一點：「不是每一個稱呼我『主啊，主啊』的人都能進天國。」（馬太福音 7:21）如果你當時坐在耶穌身邊聆聽，你會注意到當祂表達「**主**」這個詞時，聲音有顯著的加強。為了捕捉到祂的加強點，馬太將其寫了兩次。在英語中，我們使用粗體或斜體來表達強調。

希伯來作家很少將詞語提升到第三級的強調。事實上，這在聖經中只有少數幾次，這會使詞語或陳述獲得最高程度的強調。本質上，這些天使的聲音猶如雷鳴，以至於撼動了這個龐大的天堂競技場的門柱。

當我們搬家到佛羅里達州時，我們發現，由於地下水位過高，新家沒有地下室。我們的建築商告訴我：「如果龍捲風威脅到你的社區，躲到你家內部房間的門柱下，因為那是結構最穩定的部分。」想到以賽亞特別指出在這個龐大的天堂競技場中，門柱正在震動，這真是令人震驚。因為，很可能整個結構都因這些威武天使的吶喊而震動！

在目睹主的榮耀時，以賽亞的反應是什麼？他並不是說：「哇，祂在那裡！」絕對不是！他大喊：「禍哉！我滅亡了！因為我是嘴唇不潔的人。」（以賽亞書 6:5）想想這個現實：這是一位虔敬的人，一位先知，在〈以賽亞書〉的前一章中哭喊著：「禍哉！那些稱惡為善，稱善為惡的人；禍哉！那些自以為有智慧的人；禍哉！那些以飲酒稱雄的人！」（以賽亞書 5:20-22，作者詮釋）然而，現在僅僅過了一章，他瞥見了神的偉大，他的呼喊不再是「禍哉，罪人」，而是「禍哉！我滅亡了！」（6:5）他原本以為自己知道，但現在對全能的神有更深刻的認識。他也很清楚，在這位聖潔的神面前他是誰。這次的相遇帶來了什麼結果呢？他的聖潔敬畏之心提高了許多層級！

我們可以看到，聖經中那些目睹主的榮耀的人都有類似的回應。約伯怎麼樣？全能的神說到他：「你曾用心察看我的僕人約伯沒有？地上再沒有人像他完全正直」（約伯記／約伯傳 1:8）。你能想像神這樣說你或我嗎？我們可能會高興到跳起來！然而這個人遇見了神的榮耀，卻大聲呼喊道：「我從前風聞有你；現在親眼看見你。因此我厭惡自己」（約伯記 42:5-6）。

以西結呢？他看見了主，寫道：「這就是耶和華榮耀的形像。我一看見就俯伏在地。」（以西結書／厄則克耳 1:28）

還有亞伯拉罕（亞巴郎）呢？我們讀到當他看見神時，「亞伯蘭俯伏在地。」（創世紀 17:3）當神在西奈山上顯現榮耀時，「甚至摩西說：『我甚是恐懼戰兢』」（希伯來書 12:21）耶穌所愛的門徒約翰，在描述他與我們榮耀加身的耶穌相遇時，寫道：「我一看見，就仆倒在他腳前，像死了一樣。」（啟示錄 1:17）

上述並不是完整的清單，聖經中還記錄了許多類似的事件。

更近的教會歷史中，大約在一二六六年至一二七三年間，多瑪斯・阿奎那（Thomas Aquinas）在撰寫《神學大全》（*Summa Theologica*），他認為這是他最重要的作品。但有一天，他與神有了如此強烈的相遇，徹底改變了他的觀點，他甚至停止寫作。他的朋友雷吉納爾德（Reginald）敦促他繼續下去，但阿奎那回應道：「我的努力已經結束了。在我看到一切之後，我所寫的所有似乎如同稻草。」

在以色列歷史中的某一刻，上帝試圖透過提出一些尖銳的問題來提升祂的子民的敬畏之心。曾目睹主榮耀的以賽亞問道：「誰曾測度耶和華的心，或作他的謀士指教他呢？他與誰商議？誰教導他？誰將公平的路指示他？又將知識教訓他？將通達的道指教他呢？……你們究竟將誰比上帝？用甚麼形像與上帝比較呢？」（以賽亞書 40:13-14, 18）

然後神直接問道：『你們將誰比我，叫他與我相等呢？』（以賽亞書 40:25）

如果在歷史上有任何一個時刻，這些問題應該被深入思考而不僅僅是草率地略過，那就是現在。在這個時代，我們許多人被不斷湧入心靈的訊息所佔據，以至於沒有空間或時間去默想這些重要的問題。我們在聖潔敬畏的發展受到阻礙，因此許多信徒變得脆弱，很容易被這世界的慾望、利益和以人類成就為傲的體系所吸引。

同樣地，我們不斷被天才運動員、好萊塢明星、天才音樂藝術家、商業大師、魅力領袖和其他重要人物的讚譽所包圍，他們的名聲在電視、社交媒體、主流媒體和許多其他公共平台上受讚揚。可悲的現實是，這些看似無害的片段訊息和人類的成就分散了我們的注意力，甚至對主盛大地邀請我們接近祂、注視祂，也視若無睹。[1]

如果我們能稍作停頓，內省一下，凝視祂的偉大，我們將會得到豐盛的收穫，變得更堅強，並且感受到平安，我們被應許了：

「那吩咐光從黑暗裏照出來的上帝，已經照在我們心裏，叫我們得知上帝榮耀的光顯在耶穌基督的面上。」（哥林多後書 4:6）

在我們靈魂的寧靜中，與聖靈合一，我們可以在默想祂的話語時凝視祂的面容，這將照亮

1. *Butler's Lives of the Saints: Concise Edition Revised & Updated*, Michael Walsh, ed. (New York: HarperSanFrancisco, 1991), 29-30.

我們心中神的榮耀，進而使我們的聖潔敬畏更上一層。我們變得像以賽亞及上面列舉的其他偉人一樣，與祂相遇、與祂同行、使祂喜悅、得祂約定的應許，最終走得堅定。最重要的是，在注視祂時，我們被應許會「就變成主的形狀，榮上加榮，如同從主的靈變成的。」（哥林多後書3:18）

你渴望讓自己的形象變成誰的——當今的名人、還是創造宇宙的主？請明智地選擇，留心你所聽到的和所關注的事物。

屬於你的內化練習

經文：當以聖潔的妝飾敬拜耶和華；全地要在他面前戰抖！（詩篇 96:9）

要點：我們對上帝的偉大認識越深，我們的聖潔敬畏就越增長。

默想：假若我能每天三次，每次十分鐘的時間，隔絕一切外界影響，默想神的偉大，會發生什麼事情？值得投資這個時間嗎？經由增加我的聖潔敬畏，我在日常生活是否能達到更多預期結果，從而最終使我更有智慧？

禱告：親愛的天父，我祈求祢賜予我對耶穌的新視界。祢的話應許了當我在心中凝視祂時，我將被轉變為祂的形象，從一個榮耀層次提升到另一個。願我的聖潔敬畏隨著祂的榮耀變得更真實而增長。我奉耶穌的名祈求。阿們。

宣告：我正在轉化為耶穌的形象，從榮耀到榮耀。

07

上帝的榮耀

人們彼此尊敬，但尚未崇敬上帝。

——亨利・大衛・梭羅（Henry David Thoreau）

你不可能討論聖潔的敬畏而不專注於上帝的榮耀。我們在上一章已有提及，但現在讓我們更深入地探討這個議題。

凡人肉體是無法在上帝的榮耀面前站立的。先知哈巴谷聲稱這榮耀「如同日光；從他手裏（射出）光線，在其中藏著他的能力。」（哈巴谷書 3:4）保羅寫道，耶穌「住在人不能靠近的光裏，是人未曾看見、也是不能看見的」（提摩太前書／弟茂德前書 6:16）。同樣地，希伯來書的作者告訴我們「我們的上帝乃是烈火」（希伯來書 12:29）。

聽到這些描述後，不要想像成一堆木柴燃燒的火，它雖然燃燒但還是可以靠近。我們反而要想像成一個更明亮、更強烈的火焰——比如說照亮我們世界的太陽？它非常強烈且無法接近；然而即使如此，還遠遠不夠，因為我們被告知「上帝就是光，在他毫無黑暗」（約翰一書 1:5）。太陽，儘管如此地明亮，卻也有黑點。事實上，保羅寫道：「王啊，我在路上，晌午的時候，看見從天發光，比日頭還亮，四面照著我並與我同行的人。」（使徒行傳 26:13）

保羅並未看見耶穌的真實面容，他只看見耶穌身上散發出的光芒，這光芒甚至比明亮的中東太陽還要耀眼！這不是清晨或傍晚的陽光，而是正午的驕陽。

我曾周遊世界各地，偶爾會忘了帶太陽眼鏡，在多數地方沒什麼問題；然而在中東卻不行。在第一次拜訪那裡時，我就發現了太陽眼鏡的必要性，沒有它的話，由於陽光的影響，我不得不一直瞇起眼睛，瞇到眼睛只剩一個小縫隙。那裡的陽光刺眼很多，有三個原因：乾燥的沙漠氣候、淺色的地形和反射性質、以及位於赤道附近，雖然早上或晚上陽光不會太強烈，但在正午，沒有鏡片保護，陽光讓人無法睜開眼睛。

現在讓我們思考一下剛才讀到的內容：保羅陳述耶穌所發出的光芒比中東正午的太陽還要明亮！祂的榮耀超越了太陽的光輝許多倍。這就解釋了為什麼約珥和以賽亞都說，在耶穌回來的那一天，太陽和月亮都將變暗，星星將不會在天空中閃耀（以賽亞書 13:9-10；約珥書／岳厄爾 2:31-32）。容我詳細說明一下，當我們在晴朗的夜晚能看到什麼？滿天星斗。但是當早上太陽升起時，會發生什麼事？星星就消失了。我們得問：是不是所有的星星在太陽升起時都迅速逃跑了？然後當太陽下山時，星星會突然再次出現於夜空中？答案顯然是否定的。那麼，發生什麼事？星星的光輝等級是一個層次，但太陽的光輝層級要高得多，因此當太陽出現時，由於它比星星亮許多，使得眾星黯淡。

當耶穌歸來，祂的榮耀將比太陽還要明亮，祂將使太陽變得黯淡，即使它仍在燃燒！這樣你對祂的榮耀有更清晰的概念了嗎？我相信這就是為什麼我們被告知地球上的眾生都將呼喊「向山和巖石說：『倒在我們身上吧！把我們藏起來，躲避坐寶座者的面目和羔羊的忿怒！』」（啟示錄 6:16）

現在主要的問題是：什麼是主的榮耀？為了回答這個問題，讓我們來看看摩西的請求：「求你顯出你的榮耀給我看。」（出埃及記 33:18）

希伯來語中榮耀的詞是 *kabod*。《史特朗經文彙編》（*Strong's Exhaustive Concordance of the Bible*）將其定義為「某物的重量」，它還涵蓋了威嚴和尊榮。因此，摩西的請求實際上是在說「讓我看到你所有的輝煌。」請仔細看上帝的回應：

「我要顯我一切的恩慈，在你面前經過，宣告我的名。」（出埃及記 33:19）

上帝將摩西對榮耀的請求定義為「我一切的恩慈」。希伯來語中「恩慈」一詞被定義為「在最廣泛意義上的良善」。換句話說，毫無保留的良善。

接下來，上帝說：「我要在你面前宣告我耶和華的名。」當一位在地上的君王要進入他的王宮之前，傳令官會先宣告他的名字。號角響起，君王以極致的輝煌進入王宮，君王的偉大被完美地展現，在他的宮廷，誰是君王毋庸置疑；然而，如果這位君王穿著普通衣服在他的大國街道上隨意漫步，也沒有任何隨從，他可能不會被認出來而受忽視。

我們在前一章學到，主的榮耀在耶穌基督的面容顯現出來。許多人聲稱曾經見過耶穌的異象，這是非常可能的，但不是在祂完整的榮耀中。保羅這樣描述：「我們如今彷彿對著鏡子觀看，模糊不清，到那時就要面對面了」（哥林多前書 13:12）。祂的榮耀是隱藏的，就像在舊約中被一片烏雲遮蓋一樣。為什麼？因為任何有血有肉的人都無法看到祂未經遮掩的榮耀而仍然活著。

耶穌復活後第一個和祂說話的人是抹大拉的馬利亞（瑪利亞瑪達肋納），然而她以為祂是園丁（約翰福音 20:15-16）。門徒們在海濱與耶穌一起吃魚早餐，但起初他們沒認出祂來（約翰福音 21:9-10）。兩位門徒與耶穌在一起去以馬忤斯的路上，「只是他們的眼睛迷糊了，不認識他（路加福音 24:16）。」他們都能看見祂的面貌，因為祂並未公開展示祂的榮耀。

在舊約中有一些人看見了主，但祂的榮耀並未顯示出來。耶和華在幔利橡樹那裏向亞伯拉罕顯現出來，但並未以祂的榮耀示人（創世紀 18:1-2）。雅各與神角力，但也未在祂的榮耀中（創世紀 32:24-30）。約書亞在耶利哥附近時，看見主手持出鞘的刀，想知道祂是否跟以色列同一陣線。在得知是主以後，他俯伏在地，崇拜祂。這個名單還包括基甸、參孫的父母和其他許多人。

相比之下，使徒約翰在巴特摩斯島上看到了主的靈，祂以完全的榮耀顯現。約翰把主的面貌比作太陽全力的閃耀，接著像死去一樣地倒下。約翰如何能夠看著祂呢？因他不是在肉體，而是在靈體中。以賽亞和其他人也是同樣的情況。然而摩西卻不能看見上帝的面貌，因為摩西仍在他有限的肉體狀態。

主的榮耀是構成上帝的一切。祂的所有特質、權威、力量、智慧——實際上就是上帝無法測量的價值和偉大。一切毫無隱藏、毫無保留！祂是那位用手指將繁星安放在它們的位置，並為每一顆都賦予名字的主；祂是那位用手指、用祂手掌的寬度度量整個宇宙的主。祂是那位可以舉起整個地球，像撿起一粒沙子一樣的主；祂用手掌秤量每一滴水；祂用天平秤量地球和山脈。祂就是我們可以在心中看見的主，並成為祂的形象；從榮耀轉化為榮耀！

這就是那位深深愛著我們的主——愛得如此之深，以至於祂選擇承受我們罪孽的可怕審判，以使我們能夠成為祂家庭的一分子。我不知道你怎麼想，但這真的讓我感到激動不已！

屬於你的內化練習

經文：那可稱頌、獨有權能的萬王之王、萬主之主，就是那獨一不死、住在人不能靠近的光裏，是人未曾看見、也是不能看見的，要將他顯明出來。但願尊貴和永遠的權能都歸給他。阿們！（提摩太前書 6:15-16）

要點：主的榮耀是構成上帝的一切。祂的所有特質、權威、力量、智慧——實際上就是上帝無法測量的價值和偉大。一切毫無隱藏、毫無保留！

默想：想像一種光芒如此燦爛純淨，以至於沒有任何黑暗、陰影、黯淡或昏暗的存在。想像這道光芒照耀在我的心中。我為什麼要想著或想要對它隱瞞任何事情呢？這是不可能的。

禱告：親愛的天父，求祢讓我對祢的榮耀保持敏銳的覺察。我不希望這只是一個微不足道的現實、一個隨意的事物，或只是我偶爾想到的事情。相反地，我希望它的偉大能夠時刻存在、比圍繞著我的世界更真實。願祢的榮耀時常在我的心靈。我奉耶穌之名祈求，阿們。

宣告：在基督裡，我是世界的光，向我遇到的每個人展現祂的榮耀。

第二週

Week 2

我們原本的樣子

Revealed As We Are

08

你的價值

我們必須因為愛而敬畏天主，
而不是因為敬畏而愛祂。
——聖方濟（Saint Francis de Sales）

本篇將涵蓋一些沉重且可能有罪的主題。因此，繼續之前，讓我們先停下來，加深上帝對我們宏大的愛的理解。我將以耶穌強而有力、幾乎是令人驚恐的陳述作為開場，這將是我們在本節對話的一個重要部分。如果不結合上下文來閱讀，祂的話可能會被誤解，甚至可能引發不健康的恐懼，所以我懇請你帶著順服和敬畏的心來閱讀：

我要指示你們當怕的是誰：當怕那殺了以後又有權柄丟在地獄裏的。我實在告訴你們，正

要**怕他**。（路加福音 12:5）

耶穌告訴我們要敬畏上帝——而且祂不只說了一次，他透過重複來強調這個指示。真正引人注意的是他那驚人的話語：「丟在地獄裏。」那是非常強烈的措辭！然而，看他緊接著的陳述：

> 五個麻雀不是賣二分銀子嗎？但在上帝面前，一個也不忘記；就是你們的頭髮，也都被數過了。**不要懼怕**，你們比許多麻雀還貴重！（路加福音 12:6-7）

請注意，我在第五節中強調了「敬畏祂」，在第七節中則是強調「不要懼怕」。我們再次看到了聖潔的敬畏和不聖潔的恐懼之間的區別。我再次強調，聖潔的敬畏不是意味著害怕上帝而遠離祂；但不聖潔的恐懼卻是。我們必須了解其中差異並堅信這個真理，這至關重要。

耶穌以震撼人心、幾乎令人恐懼的話語開場，然而在同一時刻，祂宣告了我們在上帝眼中難以想像的價值。本質上，祂揭示了上帝深深珍愛著我們，因此賜予我們這個聖潔敬畏的禮物。這個禮物經由讓我們接近生命的賜予者，遠離可能毀滅我們的事物：人的恐懼，來保護我們，這是與聖潔敬畏截然相反的，這兩者將成為我們接下來討論的重要部分。但在進行之前，我們將先討論我們的價值。

根據耶穌所言，上帝珍愛你如此之深，以至於祂知道你頭上的頭髮數量。科學估計，大多數人頭上平均有十萬根頭髮，如果把一萬個人放在同一個房間裡，你認為你能判斷出哪個人有99,569根頭髮嗎？即使你猜對了，幾分鐘後也會是錯的，因為普通人每天會掉五十到一百根頭髮。但上帝在任何時刻都知道我們頭髮的確切數量！這告訴我們什麼？我們如此受珍視，祂無時無刻不關心著我們。大衛寫道：

上帝啊，你的意念向我何等寶貴！其數何等眾多！我若數點，比海沙更多。（詩篇139:17-18）

所有的沙子！想像一下地球上所有的沙子——每個沙灘、沙漠和高爾夫球場。那可是一個龐大的數量！科學和數學愛好者告訴我們，根據大小和緊密度，每一立方英尺的沙灘中大約有五億到十億顆沙子[1]，我們的思維難以理解僅僅在佛羅里達州海灘上就有的龐大數量沙粒。但想一想：如果你把地球上所有的沙粒加起來，你仍然不會得到上帝念及你的次數！

問問自己這個問題：你多數時候在想些什麼？你很少會去想你不重視的事情。每年聖誕節的時候，我在我們的儲物櫃裡總會發現一些麗莎和我的物品，會使用「發現」這個詞，是因為我已經忘了我們擁有這些東西；幾乎一整年我都沒想起過這些物品，因為它們沒有什麼價值。然而，如果我把四十年婚姻中對麗莎的思緒都數量化，也許會得到半個鞋盒的沙子量，大約是兩億次的思緒，這相當於每 6.3 秒一次的思緒。一個如此經常想念妻子的丈夫，將被認為是深愛她的人。

然而，上帝想到你的次數比地球上所有的沙粒都還要多！你理解這一點嗎？更令人震驚的事實是：上帝不會誇張！儘管我們曾經遇到過誇大其辭並說話與事實相去甚遠的人，但上帝不能偏離真理的一毫一釐；祂不能說謊。因此，當祂陳述對你的思緒比地球上所有的沙粒還多時，那是極其巨大的！

我們進一步探討一下：我們的價值究竟是什麼？價值是由購買者來決定的。我的兒子曾經參加過一次體育拍賣，因為他的公司有興趣購買一九六〇年代比爾．羅素（Bill Russell）在冠軍賽中穿過的球衣；然而他們最終放棄購買，因為最高競標價格高達一〇四萬四千美元！儘管比爾．羅素是一位偉大的球員，但我個人不會為了他的球衣或其他 NBA 球員的制服支付數百美元。它只是一件衣服而已。

問題不在於我們在人們眼中的價值，因為這各不相同。此外，這世界在合理尊重人的方面記錄不良，數百萬嬰兒在他們母親的子宮中被謀殺，人們重視這些嬰兒的生命嗎？還有那些被販運做性交易的女孩和婦女，包括妓女呢？從將她們推向該境地的人們的角度衡量，她們的價

1. "How Many Grains of Sand Are in One Square Inch?" WikiAnswers, accessed September 10, 2022, https://math.answers.com/other-math/How_many_grains_of_sand_are_in_one_square_inch.

值已經被貶低至幾百美元。

在這宇宙中，確立真實價值的是上帝，而不是人。即使對於我們重視的事物，耶穌也提醒我們「因為人所尊貴的，是上帝看為可憎惡的」（路加福音 16:15）。祂還做出了這個驚人的聲明：「人若賺得全世界，賠上自己的生命，有甚麼益處呢？人還能拿甚麼換生命呢？」（馬太福音 16:26）

請細想一下全世界的財富，想想那些價值數百萬美元的豪宅、美麗的房產、寶石、貴金屬、高級汽車、遊艇和飛機，這幾乎是無法想像的。最近的研究估計全球生產總值為 84.97 萬億美元，這是一筆超乎常人想像的金額。然而，耶穌告訴我們，如果你願意用你的生命來換取所有的這些，你就做了一筆賠錢的交易了！

那麼，你的價值是什麼？保羅寫道：「你們是重價買來的」（哥林多前書 6:20）。上帝對你的出價，就在這些話語：「上帝愛世人，甚至將他的獨生子賜給（他們）」（約翰福音 3:16）。哇！這遠遠超過比爾．羅素的球衣！上帝將我們的價值等同於祂最珍愛的財產。這裡有一個驚人的真相：如果我們在上帝心中的價值比耶穌還少一分錢，那麼這個交換就不會發生，因為上帝不會做虧本的交易——用更有價值的東西換取較低價值的東西。你是否明白了你對上帝有多麼珍貴？上帝對你的愛有多麼巨大呢？耶穌在祈禱中做出了最令人驚訝的陳述：

「叫世人知道你差了我來，也知道你愛他們如同愛我一樣。」（約翰福音 17:23）

這幾乎難以理解！上帝愛你，就像愛耶穌一樣！儘管如此，你還是會想：他只是在談論門徒。但這是不正確的。因為耶穌澄清說：「我不但為這些人祈求，也為那些因他們的話信我的人祈求。」（約翰福音 17:20）如果你相信耶穌基督，無論是直接還是間接，都是從門徒的見證中得來的。上帝對你愛的深度和祂賦予你的價值是超乎理解的。

擁有了這個堅實的真理，讓我們繼續揭開為什麼「聖潔敬畏」的這個大禮，在我們與上帝的關係中如此重要。

屬於你的內化練習

經文：一個也無法贖自己的弟兄，也不能替他將贖價給上帝，叫他長遠活著（詩篇49:7-9）

要點：明智的人不會做一筆會虧損的交易——用更有價值的東西換取較沒有價值的。同樣，上帝永遠不會做虧本的交易。上帝為你付出的代價是祂獨生子的生命，這意味著祂將你的價值看作與耶穌一樣。這也意味著祂將你周圍的人的價值看作與耶穌一樣。

默想：思考耶穌賦予我生命的重大價值，現在我如何看待自己？這如何影響我看待每天遇到的人們？

禱告：親愛的天父，感謝祢將我的生命看得如此珍貴，甚至願意讓耶穌代替我而死。耶穌，感謝祢代替我、接受我的審判，甚至比我自己還看重我。聖靈，我祈求祢賜予我堅定的理解，不論在我心裡或思想裡，讓我知道祢有多愛我和看重我，願我以同樣的方式去愛和看重其他人。奉耶穌的名，阿們。

宣告：我將以上帝愛我和看重我的方式去愛和看重其他人。

09

致命的碰撞

當我們傳揚上帝的愛時，有一個危險，
那就是忘記聖經首先揭示的不是上帝的愛，
而是上帝極其熾熱的聖潔，而祂的愛是那聖潔的中心。
——奧斯瓦爾德・章伯斯（Oswald Chambers）

第一章中我們討論了上帝的榮耀，但只是略微觸及了表面。在這一節，我們將專注於上帝臨在的各種層次。讓我們從一個時期開始，那是全能者選擇住在帳篷中，也是以色列國居住在曠野的時候。經過耗時、精細且複雜的工作之後，一隊工人完成了帳篷。它是根據上帝在山上給摩西的精確計畫建造的，同時也是天上帳幕的一個粗略模型（希伯來書 8:1-5）工作一完成，上帝顯現了祂榮耀的臨在：

當時，雲彩遮蓋會幕，耶和華的榮光就充滿了帳幕。摩西不能進會幕。（出埃及記 40:34-35）

上帝再次用灰暗的雲來保護以色列免受祂的榮光影響，祂以人們能夠接受的方式來與祂心愛的子民同住。只有大祭司被允許每年一次，藉著動物的血，進入至聖所。這個職務是神所選定的，第一個大祭司是摩西的兄弟亞倫。

某一天，亞倫的兩個兒子，同樣也是祭司的他們，進入帳篷；「在耶和華面前獻上凡火，是耶和華沒有吩咐他們的」（利未記／肋未紀 10:1）。關於實際發生的細節有不同的看法，但為了深入問題的核心，讓我們略過他們的行為，專注於他們的動機。「瀆神」的一個定義是「對待神聖之物時缺乏尊敬」。它意味著將聖物以普通或平凡的方法對待。從本質上來講，亞倫的兒子們帶著不敬的態度進入了上帝榮耀的面前。接下來發生的事情令人警醒，甚至令人害怕：

就有火從耶和華面前出來，把他們燒滅，他們就死在耶和華面前。（利未記 10:2）

這兩個人被授權進到上帝面前，因其不敬而立即死亡，上帝是惡意地攻擊他們嗎？不，是他們自己把自己置於危險之中。這樣想吧：地球距離太陽約九千三百萬英里，對大多數人來說，在海灘曬太陽是愉快的；但如果你的日光浴是在距離太陽一萬英里內進行，你將會立刻死亡。他們的過錯在於太熟悉上帝的聖潔和榮耀的臨在，因而以一種替自己帶來災難的方式行事。聽摩西在亞倫兒子們死後對亞倫說的話：

「這就是耶和華所說：『我在親近我的人中要顯為聖；在眾民面前，我要得榮耀。』」（利未記 10:3）

摩西所述的是一項普遍且永恆的法令。普遍意味著它適用於每一個被創造的存在，無論是人類還是天使；永恆意味著亙古至今到未來都會存在——永遠不會改變。你只能以虔敬的心和態度進到祂的面前。

讓我們回想一下我在巴西的那個晚上。當風吹過，上帝令人驚嘆的臨在，我被聖潔的敬畏所震懾。我腦海中真實地閃過這個想法：約翰．畢維爾，你做錯一個舉動、說錯一句話，你就變成死人！這真的可能發生嗎？我不確定，但我可以確定地說，新約中的一對男女在類似的氛圍中走錯了一步，他們都瞬間死去。是的，就是那種被埋在六呎之下的「死亡」（使徒行傳 5:1-10）。這對夫妻在他們的教會領袖和其他信徒面前獻上供品，然而他們兩人立刻被殺死並在當天下葬，此事發生時，其他信徒是如何反應的？

全教會和其他聽見這事的人都非常害怕。（使徒行傳 5:11）

有幾點需要注意：它並未說「這個城市非常害怕」，而是說「全教會都非常害怕」；其次，注意它不僅說「害怕」，而是「非常害怕」。希伯來文作家並不像我們西方文化中會經常性地誇大。聖經稱之為「非常」，表達了一種非常強烈的聖潔敬畏。

在使徒行傳第二章，當上帝的靈初次在五旬節的那一天顯現時，一些站在旁邊的人得出結論：門徒們在早上九點就喝醉了。停下來想想，一個酒醉者的行為，一般不會是安靜含蓄的；相反地，通常是歡樂和大笑。這正描述了那個值得注意的日子的氛圍。我們慈愛的上帝臨在是清新而愉悅的；但是當祂為了審判，在同一群人中顯現威嚴、甚至是可怖的臨在時，教會被極大的懼怕和敬畏所籠罩。這個事件極大地提高了他們對上帝聖潔的覺察。

我常常被問到：「為什麼現代人沒有在這樣的情況倒下死去？」這是一個好問題，也是一個合理的問題。這對夫妻對彼得說謊、最終對聖靈說謊。在二十一世紀，有許多牧師也面臨到許多謊言，那為什麼這些犯過者沒有遭受同樣的命運？讓我們來看看這對夫妻死後發生的事情。

> 甚至有人將病人抬到街上，放在床上或褥子上，指望彼得過來的時候，或者得他的影兒照在甚麼人身上……全都得了醫治。（使徒行傳 5:15-16）

當你仔細去想時，這事是不可思議的。注意這裡寫的街上是複數的！而且不是「一些人」，而是「全都」被治好了！讓我們把它放到現代的情境底下：好比使徒彼得進入一家大醫院，只需在走廊上走過，就能將每層樓的每張病床清空。這種強大的力量只存在於主榮耀的氛圍之中。

讓我們經由另一個聖經事例進一步確認這一點；在亞倫兩個兒子的事件之後數百年，另一對同樣是祭司兒子的何弗尼和非尼哈，與在同一帳篷門口聚集的婦女通姦。這裡離亞倫兒子當場死去的地方不到九十英尺！好似嫌不夠，他們還強行收取祭品，威脅敬拜者。他們是「對主和祭祀的職責都不尊重的惡人」（撒母耳記上／撒慕爾紀上 2:12-13）。上帝說到這些人：「我向以利家起誓說：『以利家的罪孽，雖獻祭奉禮物，永不能得贖去』。」（撒母耳記上 3:14）你絕對不想從全能的上帝口中聽到這些話！

他們的行為對上帝極為冒犯，比亞倫的兒子更加不敬許多，然而這些人並沒有在同一帳篷當場死去。為什麼？答案在這些話裡：「當那些日子，耶和華的言語稀少，不常有默示。」（撒母耳記 3:1）上帝啟示的缺乏，表明了祂臨在的缺席；沒有臨在，和在巴西的崇拜沒有區別。然而，在摩西的時代，上帝臨在是十分明顯的。

從這些例子中我們可以得出什麼結論？上帝的榮耀顯現得越宏大，對不敬的審判就越強大也越快速。因此，延遲的審判並不等於被否定的審判。基於這個道理，保羅寫道：

有些人的罪是顯而易見的，他們早已受了審判；也有些人的罪是後來才顯露的。（提摩太前書 5:24）

明智的做法是，在任何情況下都不允許對上帝有不敬、隨意或放肆的態度。事實上，當祂的榮耀沒有顯現時，情況更加危險。為什麼呢？因為在沒有審判的錯覺下，會讓人誤以為不當的行為被接納而產生虛偽的信仰，更容易因此陷入不敬的狀態。如果這樣的情況發生，我們很容易誤以為上帝不在乎我們的不敬，正如我們將在下一節看到的那樣。

屬於你的內化練習

經文：我在親近我的人中要顯為聖；在眾民面前，我要得榮耀（利未記 10:3）。

要點：上帝的榮耀顯現得越宏大，對不敬的審判就越強大也越快速。因此，延遲的審判並不等於被否定的審判。

默想：在禱告中、在教會、在敬拜，在神的話語被傳授時、或在日常生活中，我如何接近主？我是否在接近祂時養成了隨意的態度？我是否忽視了這樣的事實，即祂不僅是我的父，也是那位烈火的聖潔上帝？

禱告：親愛的天父，對以隨意和不敬的態度接近祢，我請求祢的寬恕。我模糊了祢是誰，對祢變得過於放肆。我悔改，不再將祢看作是一個「夥伴」，而是尊敬祢作為聖潔的上帝。感謝祢的恩慈和憐憫，並原諒我對祢不敬的行為。我奉耶穌的名禱告，阿們。

宣告：無論神如何強大或柔和地顯示祂的臨在，我都要敬畏神。

10

上帝沒在看

因為，人所行的道都在耶和華眼前；他也修平人一切的路。

——箴言5章21節

如前所述，我們對上帝榮耀的理解越深，我們的聖潔敬畏就越增長。反之亦然：我們對上帝偉大之處的認識越淺，甚至降低到人類的極限，我們對祂的敬畏就會減少。

這個世界的體系就像湍急的河水，不斷湧入，甚至不斷打擊著人們的心靈，試圖消弭上帝的榮耀。這條河的成分包括言語、思想、圖像、影片，或其他可以用來提升凡人的媒介，而代價是降低我們造物主的偉大。

那些缺乏聖潔敬畏的人容易屈從於這種力量，並陷入一種心態，認為上帝不會注意，或不在意他們的所作所為。於是這樣的想法開始形成：我是例外；我是被豁免的；我與大多數人沒有區別；上帝忽視我的動機、言語或行為；一直到祂事情太多沒辦法追蹤。

他心裏說：「上帝竟忘記了；他掩面永不觀看。」（詩篇 10:11）

這種錯誤和危險的心態有許多形態，但歸根究柢，都是將上帝的能力貶低於實際水準。這與我們如何認為父母、老闆、老師、教練或其他領袖可能會對我們的行為不予注意或沒有追蹤，沒有差別。陷入這種陷阱的人安慰自己，認為細節太多無法追蹤，同時上帝力有未逮。

讓我們再更進一步。要是有人繼續在這條滑溜不穩、不只缺乏甚至迴避聖潔敬畏的道路前行，他們將受一種邪惡信念的威脅，即上帝看不到我的動機、言語或行為。相信上帝沒在看是一回事，但認為祂看不見，則是更高層次的不敬了！

我們可以將我們的言辭、行動和動機隱藏起來，使其他人無法察覺。我們可以祕密地做事——在黑暗中，或在陰影裡——讓其他人不注意。但當我們認為能將思想或行徑隱藏起來，不讓全能的上帝知道時，我們是在自欺欺人。無論是有意識還是無意識，這種錯誤假設存在於任何欠缺聖潔敬畏的靈魂中。聖經告訴我們：

禍哉！那些向耶和華深藏謀略的，又在暗中行事，說：「誰看見我們呢？誰知道我們呢？」（以賽亞書 29:15）

最初你可能認為以賽亞所指的是邪惡的人——那些不信的人、不會進教堂或參加崇拜活動的人；然而上面所說的特別是針對宣稱自己是信徒的人，這是真實的，因為就在這個陳述之前，我們讀到：

主說：「因為這百姓親近我，用嘴唇尊敬我，心卻遠離我；他們敬畏我，不過是領受人的吩咐。」（以賽亞書29:13）

容我以現代的方式表述一下這個思維。這些人聲稱與耶穌有關係，因為他們是藉著祂的恩典得救的。他們口頭上尊敬祂、參加基督教聚會、聆聽Spotify上的崇拜音樂——然而他們心靈的一部分認為，主看不到或聽不見他們所想所為，他們的心態比許多根本不跟隨耶穌的人還糟糕；他們相信謊言，甚至更糟的是，他們對自己的愚昧一無所知。或許你會反駁說：「不可能！這不會發生！」但讓我們重看一下我們在上一節提到的新約夫妻——亞拿尼亞和撒非喇（使徒行傳第5章）。了解這對夫妻錯誤行為的背景非常重要，他們的故事實際上開始於第四章：

巴拿巴……一個利未人，生在塞浦路斯。他有田地，也賣了，把價銀拿來，放在使徒腳前。（使徒行傳4:36-37）

在這個時期，塞浦路斯是一個擁有豐富寶石、銅礦和鐵礦，以及大量木材的寶島。它以鮮花、水果、葡萄酒和油而聞名。如果你在塞浦路斯擁有土地，你大概會生活得很富足。想像一下：一位來自塞浦路斯的富有利未人，在整個教會面前公開捐贈了一筆巨額的土地銷售款項。接下來會發生什麼？

但有一個人，名叫亞拿尼亞，同他的妻子撒非喇賣了田產（使徒行傳 5:1）。請注意第一個詞「但」。這是一個連接詞，連接並延續思想。在這種情況下，以此開始的新章節可能會轉移對故事接下來的注意力。

這位富有的新加入者來到教會並帶來了一筆大額捐款，每個人都目睹了這一點。他的禮物引起了這對夫妻的反應，他們立刻賣掉了一些財產，然後……

> 他（亞拿尼亞）把價銀私自留下幾分，他的妻子也知道，其餘的幾分拿來放在使徒腳前。（使徒行傳 5:2）

是什麼引發了這樣的反應呢？難道這對夫妻在這之前一直以在教會中捐贈最多而聞名？如果是這樣，這是否吸引了領袖和人們的注意？我們必須記住，捐贈是一種恩賜，就像許多人會注意到、甚至稱讚各種恩賜——例如服侍、傳道、款待、教學、領導等——慷慨也不例外；它是受讚揚的（哥林多後書／格林多後書 9:12-13）。這對夫妻是否過分享受尊重和關注？他們是否感到新來的人將他們比下去的威脅？是否所有的人都在慶祝巨額禮物，以及這將如何幫助他們拓展工作和照顧窮人，導致他們的注意力從亞拿尼亞和他的妻子身上轉移開來？

也許這對夫妻垂涎失去的關注，因此他們決定賣掉一塊地——很可能是他們最大的資產。他們想著：「這筆錢太大了，不能放掉；但我們想表現出我們全數捐出，所以就捐一部分吧。然而宣稱『這是我們所得的一切。』」這種欺騙性的思維，可能被這樣的合理化所加強，即這將鼓勵其他人捐贈大額禮物，外表比真相更重要，因此導致了欺騙。這對夫妻怎麼會認為上帝沒有看見這一點呢？

他們事先計劃、商討並同意了這種做法，他們相信可以將計畫瞞天過海，暗中策劃這個邪惡的行為！在他們心靈的某個地方認為：「主不知道我們在做什麼！」（幾乎是以賽亞書 29:15 的直接引用）。這讓他們付出了生命的代價，他們在同一天被埋葬！

在前幾章中見證了顯著奇蹟的兩位信徒，怎麼可能相信他們能隱藏他們的動機而不讓全能的上帝知曉？這些奇蹟包括天上的風吹過整個城市而引起注意、數千人在未公告的聚會中得救、跛腳的人奇蹟般地行走、上帝的神力震動了一棟建築等等。或者，亞當和夏娃在伊甸園與上帝同行之後，如何可能在犯罪後還相信他們能躲避祂（創世紀 3:8）？

以色列的人民如何能說：「他看不見我們。」（以西結書 9:9）又或者這個令人震驚的陳述：「人子啊，以色列家的長老暗中在各人畫像屋裏所行的，你看見了嗎？他們常說：『耶和華看不見我們。』」（以西結書 8:12）

我們多麼愚蠢地以為自己能夠將我們遠離上帝的心隱藏起來？

總之，所有這些情景都有一個共同的根源，導致了這個嚴重的錯誤：缺乏聖潔的敬畏。我們缺乏敬畏到了一個程度，祂的能力在我們的心靈中就會減弱；而最令人害怕的是我們對自己的狀態毫無覺察，我們的判別能力變得遲鈍。在接下來的章節中，我們將詳細討論這種情況。

屬於你的內化練習

經文：叫眾教會知道，我是那察看人肺腑心腸的，並要照你們的行為報應你們各人。（啟示錄 2:23）

要點：上帝不僅知道我們做了什麼，還知道我們行為背後的動機和意圖。

默想：在生活中我是否帶著這樣的覺察：上帝知道我內心最深處的想法、動機和意圖？我如何能增加對此事實的覺察？

禱告：親愛的天父，我祈求我的動機和意圖能像耶穌的動機和意圖一樣純潔。經由了解祢時刻檢查我的行徑，願我能過濾我所有的思想、慾望、言語和行為。願我在對祢的感知中，永不減少此真理。我奉耶穌的名祈禱，阿們。

宣告：我要帶著上帝完全知道我的意圖、思想、言語和行為的覺知，過我的生活。

11 敬畏和戰兢

為何恆久背道呢？

——耶利米書／耶肋米亞8章5節

Week 2 —— Day 4

上帝威嚴的臨在和對亞拿尼亞與撒非喇的審判，使教會陷入了「極大的恐懼」之中。這裡並未使用「城市」一詞，而是用「教會」——聖徒的聚會。當我們檢視希臘文中「極大」的詞，它加強了所傳達的含義。

第一個字極大（*great*），是希臘語 *mégas*，定義為「刻度的上限……到極大程度，強烈，可怕」[1]。我們在英語中有 *mega* 這個詞，清楚無誤地傳達了它的意思；基本上它可以翻譯為「極度的敬畏」。請記住，《聖經》的作者們不會誇大其辭。

第二個詞恐懼、敬畏、害怕（*fear*），是希臘語的 *phóbos*，這個詞在整個新約中經常用來表示聖潔的敬畏，它被定義為「恐懼、驚恐、尊敬、尊重、崇敬」。另一個來源將其定義為「對神深切的尊敬和敬畏——崇敬、敬畏」。[2]我們再次遇到了「敬畏」、「驚恐」這些詞，表示一種極大程度的敬畏。保羅在書信中使用了這個詞，他寫道：

> 那麼，親愛的朋友們，我跟你們一起的時候你們常常聽從我；現在我不在你們那裡，你們更應該聽從我。要戰戰兢兢，不斷努力來完成你們自己的得救；因為上帝常常在你們心裡工作，使你們既願意又能夠實行他美善的旨意。（腓立比書 2:12-13）

我們的救恩不是通過愛和仁慈來實現的，而是通過敬畏和戰兢。我們將在稍後詳細討論。再一次，所要傳達的強度經由一個新詞提高了一個等級：戰兢（*trembling*）。它的希臘詞是 *trómos*，其定義為「來自恐懼、驚恐或深刻的尊敬、尊重、懼怕的戰兢」。這樣的用法並非個別案例，因為這兩個詞語結合在一起，在新約中使徒保羅使用了四次。

雖然我們尚未徹底探討聖潔敬畏，但我們已經到達一個程度，可以思考為什麼聖言的教師會把它限制為「敬畏的崇拜」。在本節中，經由我們所強調的幾節經文，我們已經面對了一些非常強烈的詞語：極大的敬畏、敬仰、恐懼、深刻的尊敬、戰兢和懼怕。這些詞語不僅是用來描述基督生活的的一小方面，它們更指出我們的救恩如何實現，說明我們如何努力透過與聖靈合作、得著祂的大能，將耶穌為我們提供的一切完滿成熟。由此開始，我們將這樣說：我們的救恩是通過敬畏和戰兢完滿的。

在這種情況下，為什麼聖潔敬畏不是我們教會、小組和聖經學校所教導的主要真理之一呢？這是否是導致西方世界許多無能、缺乏熱情的基督徒的原因？這是否是聖經警告在這末世裡信仰將有一個巨大的「背道」的原因？保羅寫道，反基督的人不會顯現，直到「必有離道反教的事，並有那大罪人，就是沉淪之子，顯露出來」（帖撒羅尼迦後書／得撒洛尼後書 2:3）。這個背道是否因我們簡化了聖潔敬畏而惡化呢？在美國各州及六十個國家，經過四十年的祈禱、研究和事奉之後，我是如此相信的。

讓我們更進一步。教會的基本教義之一是「永恆的審判」。仔細閱讀這些話：

> 所以，我們應當離開基督道理的**基礎**，竭力進到成熟的地步；不必再立**根基**，就如……以及永遠的審判等的教導。（希伯來書 6:1-2）

事實是，我們每個人都要對我們的生活方式作出交代，在這個審判中發生的事將永遠持續

1. Johannes P. Louw and Eugene Albert Nida, *Greek-English Lexicon of the New Testament: Based on Semantic Domains* (New York: United Bible Societies, 1996), 684.
2. Louw and Nida, *Greek-English Lexicon of the New Testament: Based on Semantic Domains*, 540.

下去——它是永恆的！對於信徒來說，這被稱為「耶穌的審判台」。

讓我們討論一下這兩個被強調的詞語；首先是「基礎」（elementary），在小學的時候，孩子們學什麼？他們學習閱讀、寫作、加法、減法以及其他基本技能。實質上，我們獲得後續教育所需的基礎，你能想像繼續在高中或大學教育而沒有閱讀、寫作、加法或減法的能力嗎？不可能的！我發現很多信徒並不知道他們將會面臨的審判，或者充其量只是熟悉這個術語，但並未深入研究過。這可以類比於僅僅知道基本的小學技能很重要，但實際上從未學過。一個非常重要的問題是，沒有這個基礎的真理，信徒如何在基督裡建立他們的生活？

讓我們看另一個被強調的詞語「根基」（foundation）。你能想像建造一座沒有根基的建築嗎？如果風和日麗，建築物可以高高聳立，但當一場強烈風暴來襲時，建築物只有倒塌！這可能代表著背離信仰。巴納集團（Barna Group）報告指稱，在二〇〇〇年到二〇二〇年間，有超過四千萬美國人背離了信仰！[3]其中一半現在自稱為非基督徒——無神論者和不可知論者。我們根基教導的不足，是否導致了這災難性的統計數字？

讓我們簡要地看一下與我們審判相關的事情：

> 我們坦然無懼，是更願意離開身體與主同住。（哥林多後書 5:8）

我們馬上知道保羅只是在和信徒說話。當一個不信主的人離開身體時，他們沒有在上帝的臨在下。

所以，無論是住在身內，離開身外，我們立了志向，要得主的喜悅。（哥林多後書 5:9）

當麗莎和我的兒子們進入青少年時期，我們找尋機會訓練他們虔誠的生活。給他們訓練的一個重點是保護他們，讓他們不產生一種理所應得的態度。有一天晚上，我對他們說：「孩子們，你們無法做任何事使我們愛你們更多或更少一點。」我們對他們無條件的愛使他們印象深刻，但過了一會兒，我接著聲明：「但是，對於我們之於你們的滿意度，你們是要負責的。」對於他們來說，這是一個開眼界的時刻。

這就是真相。我們無法做任何事情來使上帝愛我們多一些或少一些，但我們對祂對我們的滿意度負責。這就是保羅說他的目標是「叫祂喜悅」。為什麼呢？

因為我們眾人必要在基督臺前顯露出來，叫各人按著本身所行的，或善或惡受報。我們既知道主是可畏的，所以勸人。（哥林多後書 5:10-11）

3. "Signs of Decline & Hope among Key Metrics of Faith: Barna Access." barna.gloo.us, 2021. https://barna.gloo.us/articles/signs-of-decline-and-hope.

在這個審判台前，我們不會因為已經悔改的罪被審判——它們已經被耶穌的寶血消除了。「東離西有多遠，他叫我們的過犯離我們也有多遠！」（詩篇 103:12）同樣地，祂說：「我要寬恕他們的不義，不再記念他們的罪愆」（希伯來書 8:12）。那麼我們的審判將包括什麼？我們將受審判身為信徒的生活方式，不論善或惡都將受審查。

對於我們當前的討論來說，重要的是保羅將「主是可畏的」與信徒的審判連結。如前所述，「懼怕」的希臘詞是 *phóbos*，正是用來描述教會的亞拿尼亞和撒非喇的審判所產生的反應的詞語。這使我們提出了一個重要的問題：這對夫婦的事件是否可以視為信徒審判的搶先預告呢？我們將在接下來的章節中探討這個可能性。

屬於你的內化練習

經文： 好叫你們行事為人對得起主，凡事蒙他喜悅，在一切善事上結果子，漸漸地多知道上帝。（歌羅西書／哥羅森書 1:10）

要點： 你無法做任何事讓上帝愛你更多或更少一點，但你對祂之於你的喜悅程度負有責任。

默想： 我的生活是否令上帝喜悅？我如何知道什麼能讓祂喜悅、什麼不能？

禱告： 親愛的天父，我求祢透過祢的話語和聖靈向我啟示什麼對祢是喜悅的、什麼是不喜悅的。賜予我一顆將追求祢的喜悅和悅納置於一切之上的心念和思想。藉此願我能認識祢的心，活出榮耀祢的方式。願我所求的能使我準備好有一天面對信徒的審判，並獲得祢願意賜給我的永恆賞賜。我奉耶穌之名祈禱，阿們。

宣告： 取悅上帝是我生活中的首要任務，祂正在我身上做功，使我甘心情願去行祂的美善旨意。

12 傳染性的偽善

上帝奇妙之處，
在於當你敬畏上帝時，你便無所畏懼；
而當你不敬畏上帝時，你便畏懼一切。
——奧斯瓦爾德・章伯斯（Oswald Chambers）

關於〈使徒行傳〉中結束生命的夫婦，有一點很重要需要澄清。問題不在於亞拿尼亞和撒非喇的行為，他們只是在教會崇拜中獻上了禮物；奉獻財物給上帝的工作是虔誠、神聖和美好的。他們的罪在於其動機——渴望能被另眼相待。這帶出了一個重要的問題：在審判台前，只有我們的言行會受到審查嗎？還是我們的思想和動機也會被納入考量？讓我們首先閱讀耶穌對門徒說的警告：

那時候，成千上萬的人群擁擠在一起，甚至彼此踐踏。耶穌先對門徒說：「你們要提防法利賽人的酵母，就是他們的偽善。一切隱藏的事都會被揭發；祕密的事也會被洩露。」（路加福音 12:1-2）

這兩節經文內容涵蓋甚多。想像一下你是福音的傳道人，有這麼多人聚集來聽你講道，以至於記錄為「成千上萬」。這是大多數傳道人的夢想啊！然而耶穌做了什麼？祂沒有對祂的團隊耳語道：「嘿伙計們，這就是我來這裡的目的。讓開，看我的！」祂沒有，相反地，祂做了三件事：

首先，祂抓住機會向他們傳達一個具體明白的訊息，關於如何不受當下狀況的控制。祂透過示範和教導，警告這些未來的領袖要嚴防偽善（*hypocrisy*）。這個字的希臘語為 hupókrisis，定義為「在表面上給人以某些目的或動機的印象，而實際上卻有截然不同的目的或動機」[1]。法利賽人是偽善的專家。他們做事是為了炫耀和偽裝。耶穌警告不要落入這個陷阱，要保持純潔的動機。從本質上說，祂在傳達，不要受流行或人們的認可主導，而要讓聖靈引導，堅持在所教導的和生活上的真理。

其次，耶穌指出偽善蔓延的速度有多快。祂將其比喻為酵母，它會擴散到整個麵團中，使

1. Louw and Nida, 765.

得整個麵團發酵膨脹。耶穌的比喻傳達了偽善是有傳染性的，但不同於酵母，它對我們的福祉傷害極大。

第三，祂強烈聲明偽善無法保持隱蔽。一個人言行背後的意圖最終必定被揭露。祂接下來的陳述揭示了什麼可以保護我們免受不純潔的動機影響：

> 我的朋友，我對你們說，那殺身體以後不能再做甚麼的，不要怕他們。我要指示你們當怕的是誰：當怕那殺了以後又有權柄丟在地獄裏的。我實在告訴你們，正要怕他！（路加福音12:4-5）

耶穌再次使用了「懼怕」（fear）這個強烈的措辭。這個詞為 *phobéō*，類似於我們在前一章提到的 *phóbos*。*Phobéō* 的定義是「使害怕、嚇唬、驚嚇」。耶穌將「丟在地獄」與忽視聖潔敬畏連結在一起。這是一個令人恐懼的想法，不應輕率對待。又一次，我們看到了聖潔敬畏的重要性，這也再次證實了它超越虔敬的崇拜。

耶穌告訴我們要敬畏上帝，而不是人。簡單來說，對上帝的敬畏使我們擺脫對人的恐懼，而對人的恐懼則會使我們成為奴隸，剝奪我們敬畏上帝的能力。不要誤解，當我們害怕人的時候，我們的動機會受到影響，以類似「敬畏上帝」的方式來看待「害怕人」。這不一定是逃避人，而是會傾向於取悅那些在我們面前的人，其潛在動機可能是個人滿足、獲得保護或利益。

對人的害怕讓我們陷入偽善的酵母中，導致我們為了得到人們的認可而活。

又亞拿尼亞和撒非喇的行為似乎是無可指責的；然而，他們的動機驅使他們在社區裡呈現某種特定的形象，這就是讓他們沉淪的原因。人們可以進行虔誠的行動，說出虔誠的話語，但如果沒有聖潔的敬畏，他們就會因其意圖而犯罪。

在一九八〇年代，我在當地教會事奉時，受到對人的恐懼極大的束縛；直到聖靈揭示了我的動機，我才意識到這一點。當時我在大型的教會擔任要職，我對與我互動的人總是友善，勤於給予讚美，即使那並不是真誠的。我討厭衝突，像躲避瘟疫一樣躲著它。我得到的回應，說我是教會中最慈愛的人之一，這使我感到幸福和滿足。

有一天，我在禱告中聽到主說：「孩子，人們說你是一個慈愛和友善的人。」我清楚記得祂如何對著我的心說話；我沒有感覺到祂肯定的的語氣；因此，我謹慎地說：「是的，他們確實這麼說。」

祂回應道：「你知道為什麼即使事實並非如此，你還是對人說好聽和稱讚的話嗎？」

「為什麼？」

「因為你害怕被他們拒絕。那麼，你愛的焦點是誰——是你還是他們？如果你真的愛人，你會說出真理，而不是謊言，即便代價是被拒絕。」我感到震驚。其他人都認為我是一個充滿愛心的人，但隱藏在背後的真相卻截然不同。同樣地，早期教會的成員很可能認為亞拿尼亞和撒非喇是虔誠的，尤其是亞拿尼亞在集會前給牧師帶來了一筆可觀的奉獻；但他們真正的動機被揭露了。同樣地，我的動機是自我宣揚、自我保護和自我獎勵。我的行為的真實故事就是偽善者的故事。

在眾目睽睽下做虔誠、公益的事情很容易，同時卻隱藏著自私的動機。我們可以用偉大的福音信息感動人群，但內心卻被自私的野心所驅使（腓立比書 1:15-16）；我們可以給窮人巨額的禮物，卻沒有愛（哥林多前書 13:3）；我們可以帶領人們崇拜，但內心卻隱藏著希望為人所知或出名的意圖；我們在互動中可能很友善，但內心卻暗暗審視和批評他人；我們可能對一位因道德瑕疵而被要求辭職的牧師表現憂愁，而內心卻歡呼他活該；我們可能展現謙卑，宣稱「所有榮耀歸於耶穌」，但內心卻喜愛受肯定和讚美。這份清單可以無限延伸。

真正的真相是：首先，沒有任何動機或意圖可以在上帝面前隱藏；其次，這動機最終都將被揭示。一個重要的問題是：對我們而言，它是隱藏的嗎？敬畏主使我們能夠了解自己內心的動機，這至關重要，因為若缺乏這種敬畏，我們將容易受到偽善的欺騙。

教會中的人們都對亞拿尼亞的審判感到震驚，但他們的震驚程度不會亞於亞拿尼亞本人，以及接著的撒非喇。這對夫婦缺乏聖潔的敬畏，使他們無法看清自己邪惡的動機。我們必須再問一次，他們的故事是否預示著基督的審判台？我們將在下一章節中看到。

屬於你的內化練習

經文：上帝的道是活潑的，是有功效的，比一切兩刃的劍更快……連心中的思念和主意都能辨明。（希伯來書 4:12）

要點：敬畏主使我們能夠了解我們內心的動機；這至關重要，因為缺乏這種敬畏將使我們容易受到偽善的欺騙。

默想：我如何被吸引追求取悅他人，同時暗藏追求個人滿足、獲取保護和利益？在壓力下，我是否總是回到這種模式？在哪些方面，導致我妥協了我的正直原則？

禱告：親愛的天父，請原諒我為了自己的利益而尋求取悅他人。聖靈啊，我求祢揭示我生活中容易屈服於這種壓力的所有領域。我懺悔讓人們成為我的喜樂和幸福來源，而不是以耶穌為我的來源。求祢充滿我的心靈，使我能始終保持聖潔的敬畏，以便我能真誠的愛人，而不屈服於偽善。我奉耶穌的名祈禱，阿們。

宣告：我將透過說出真相，尋求他人的利益而不是我自己的利益，來愛與我互動的人。

13

三個形象

Week 2 —— Day 6

因為我們眾人必要在基督臺前顯露出來，
叫各人按著本身所行的，或善或惡受報。

——哥林多後書5章10節

仔細看一下經文中「顯露出來」一詞。每個人都有三個自我形象：一個被感知的形象、一個呈現的形象，和一個真實的形象。我們感知的形象是別人看到我們的方式，我們呈現的形象是我們希望別人看到我們的方式；我們的真實形象是我們真實的自我，雖然它可能被其他人隱藏或忽視，但在上帝面前是完全可見的；這是我們將在審判臺前向眾人顯露的方式。

想想耶穌——祂被誤解、被誣告、被認為是酒鬼和貪吃鬼，被貼上異教徒的標籤，甚至被指控受到魔鬼的驅使，祂被宗教領袖和其他人否定。在許多人眼中，尤其是那些顯要人物，他的感知形象是不受歡迎的。

耶穌同父異母的兄弟們在當時抱持懷疑的態度，他們施壓要祂依呈現的形象生活：「你離開這裏上猶太去吧，叫你的門徒也看見你所行的事。」他們譏笑道：「人要顯揚名聲，沒有在暗處行事的……就當將自己顯明給世人看。」（約翰福音 7:3-4）他們受別人的看法所操控，並試圖將耶穌置於相同的奴役——對人的恐懼之中。

然而耶穌的真實形象與許多人所認知的相當不同，因為祂「是那不能看見之上帝的像」（歌羅西書 1:15）。但許多人拒絕祂時，全能的上帝以聲音證實：「這是我的愛子，我所喜悅的」（馬太福音 3:17）。耶穌的感知形象經不住考驗，而祂的真實形象才是持久的。

在地上時，祂避免自我宣揚和任何建立自己名聲的努力。當祂醫治有需要的人時，祂常說：「不可讓人知道」（馬太福音 9:30）。祂迴避了受歡迎、聲名狼藉以及人們的讚譽和認可[1]。當人們想要推舉祂成為王時，祂閃避了；祂沒有偽裝，也沒有任何虛假的幻覺或詭詐。祂以敬畏主為樂，這使祂專注於天父。

我們應該要成為耶穌的明確形象。自由存在於按照我們內心真理的生活，避免自我推銷或自我保護。我們在亞當和夏娃身上發現了以自我為中心行為的根源。我們讀到他們墮落的時刻：「他們二人的眼睛就明亮了……，他們突然感到羞恥。」（創世紀 3:7）他們的焦點從上帝轉

1. 見〈路加福音 5:14〉、〈約翰福音 6:15〉、〈腓力比書 2:7〉、〈希伯來書 5:4〉、〈以賽亞書 42:2〉。

移到自己身上，現在他們試圖淡化他們新發現的缺陷；人類第一對夫妻試圖掩蓋他們的赤裸。對我們來說，儘管表現不同，根源問題仍然相同。如果我以自我為中心，就會試圖展現一個能掩蓋我已知不足的形象。耶穌為釋放我們免於這種奴役而獻出了祂的生命。保羅寫道：「因為我們不敢將自己和那自薦的人同列相比。他們用自己度量自己，用自己比較自己，乃是不通達的。」（哥林多後書 10:12）

如果我們屈服於比較的壓力，我們就會凸顯我們的缺陷，進而自我推銷或自我保護，而這一切都始於我們的動機和意圖。在今日世界裡，我們所感知的形象比我們真實的形象更具重要性。簡單地說，我們的名譽是我們會保護的；我們現在的努力集中在外表、地位、頭銜、受歡迎程度、接受度、名譽等各方面，因為它們能掩蓋我們的缺陷。這些不是在審判時被揭示和檢查的東西，而是我們真實的形象，它圍繞著我們的動機和意圖。

> 所以，時候未到，在主來以前甚麼都不要評斷，他要照出暗中的隱情，揭發人的動機。那時，各人要從上帝那裏得着稱讚。（哥林多前書 4:5）

許多人對這段經文置疑，認為它適用於不信主的人的審判。但事實並非如此，因為在他們的審判中，沒有不信主的人會受到讚揚。這只能是指信徒。

當你聽到你「最黑暗的祕密」和「私人動機」將在整個天堂的集會上被揭示出來時，可能會讓你恐懼，但是以一個健康的方式。這可能是保羅將信徒的審判稱為「主是可畏的」的原因之一。我們對其現實的認識產生了一種聖潔的敬畏，這結果使我們保持節制，使我們能夠根據我們的真實形象生活。然而，相反的情況也是成立的；我們對主的敬畏越少，我們就越會依賴我們呈現的形象。

這就是亞拿尼亞和撒非喇的致命陷阱，他們更關心那些他們視為對手、朋友、教會成員和領袖的人如何感知他們。為了使他們的故事更易於理解，讓我們想像一下，如果這一切發生在現代，導致他們沉淪的過程。教會當時存在不過幾個月的時間，使徒和教會成員都還在觀察，看誰會成為各方領域的領袖。

對這對夫妻來說，那是個幸福的日子，因為他們接受耶穌並得到赦免；他們為神的愛和信徒群體所淹沒。然而，他們專注的點終究會轉移。有趣的是，這可能是神藉著他們的工作開始的，也許是一個奉獻、一次勸勉，或者在敬拜團隊中唱歌，可能性是無窮無盡的。他們享受他們的服務得到認可所帶來的滿足感，腦內啡湧出，帶來了令人振奮的幸福和滿足感。

他們得到的認可越來越多。然而，為了維護新形成的聲譽，他們需要用看似無害的言詞和行動來掩蓋一些可疑的行為。也許他們陷入了一次激烈的家庭歧見，接著是一場持續的爭吵。他們的憤怒和爭論變得很難堪且持久，但當與信徒聚會的時候，他們徹底改變自己的行為，以掩蓋自己的缺陷。夫妻倆不想讓同伴們看到他們的歧見和紛爭，因為這可能會威脅到他們的感知形象，因此他們向彼此呈現了充滿愛意和關懷的態度。

他們在 Instagram 和 Tiktok 發布了擁抱、微笑和享受愉快活動的照片和短片。標題上寫著類似「活出夢想」、「完美戀情」或「我喜愛與她（或他）共度生活！」的文字。還有許多其他貼文描述他們成功的生活（儘管在困境中）、不斷成長的業務（儘管在走下坡）、美麗的孩子（儘管行為叛逆、自以為是且自私），以及其他的成就。這些似乎起到了作用，因為他們社交媒體的追隨者數量迅速增加。

亞拿尼亞和撒非喇陷入了一個模式，要維持他們強大的呈現形象。一切似乎都無害，然而，他們對神的敬畏逐漸在每一次偽善的行為中減弱。他們不再因自己的虛偽而感到內疚。一切似乎都很好，他們享有良好的聲譽，其中一部分是因為他們是教會中最慷慨的捐贈者。

有一天，巴拿巴在教會面前獻上了他的奉獻，他們同伴的注意力突然都轉向了他。他們被超越了，感知的形象受到威脅。可悲的是，那時他們對自我形象的重視已經發展得太徹底了。其餘的事情就都是歷史了。

這一切似乎對其他人無害且鼓舞人心，但它卻將他們導向一條危險和毀滅性的道路。聖靈在聖經中給了這對夫妻的命運，是否要警示我們，並提供審判台的一瞥、讓我們知道審判有多嚴重？保羅寫道：

有些人的罪是顯而易見的（在所有人面前明顯可見），他們早已受了審判；也有些人的罪是後來才顯露的（作者補充說明：隨著罪人一起進入審判台並在那裡顯現出來）。（提摩太前書

5:24）

亞拿尼亞和撒非喇的罪在那個令人難忘的日子被公然揭示，他們的判決被提前宣告。然而更令人擔憂的是，大多數人的罪將在日後才會顯露出來。請記住：上帝的裁決涉及人們的祕密動機，而不是其行動。

這裡有個好消息：我們可以懺悔我們的黑暗動機，上帝不僅會赦免我們，而且如果我們向祂呼求聖潔的敬畏，並透過聖經更新我們的思想，我們就可以蒙福擁有純潔的動機。

屬於你的內化練習

經文：任何隱藏的事總會被張揚出來，任何掩蓋的事也會被揭露出來，為人所知。（路加福音 8:17）

要點：每個人都有三種形象：一個感知的形象、一個呈現的形象，和一個真實的形象。

默想：我傾向於哪種形象？我是否以真實的形象生活、還是說謊或做欺騙性的陳述來維護自己的名聲？我對與我有關係的人是否誠實和坦率？

禱告：我懺悔把重點放在我的呈現和感知形象上，而不是我真實的形象。我妥協了誠信，因此請求祢的寬恕，淨化我的動機和意圖。願我的焦點集中在耶穌和其他人身上，而不是我自己。

宣告：我將允許上帝話語的雙刃刀揭示我內心的思想和意圖。

14

永恆的決定

死亡和審判的恐懼，隨著對上帝真正的敬畏而消失，
這種敬畏沒有痛苦，而是一種對靈魂輕鬆自在的束縛，
使我們安息而不是筋疲力竭。

——陶恕 & 哈里沃勒（A.W. Tozer and Harry Verploegh）

與永恆相比，現在這個生命猶如一縷輕煙。但更準確地說，這個生命無足輕重，因為簡單的數學告訴我們，任何有限數除以無限都等於零。因此，與永恆相比，大約九十年的壽命等於零。有鑑於這一驚人的事實，為永恆做好準備是明智的選擇。

耶穌在審判台上對我們每個人所做出的決定是永恆的（希伯來書 6:1-2）。簡而言之，祂的宣告將不會有任何的改變、修訂或更改。因此，基本上我們對十字架的態度決定了我們將在何處度過永恆；然而，我們作為信徒的生活方式決定了我們將如何在永恆中生活。

大多人認為天堂不過是一個非物質、非身體的經驗，伴隨著愛、和平，且沒有痛苦。他們期待聖徒們成為飄浮在雲朵上的虛幻存在，彈奏著豎琴、吃著葡萄。還有些人將天堂看作是一個單調乏味、無休止的敬拜。有了這些看法，很難對這種乏味的永恆生存感到興奮。

這些都是神話，在聖經中找不到。這個最美好的生活不過是永恆的一個影子。將來會有社區要規劃、城市要建設、國家要管理、星系要探索和開發，和無盡的事物以符合我們被創造來生活的方式。在主的永恆城市中，有職責要擔當。因此，把審判台看作是決定你在祂新天地的首都城市中，永恆職位的面試和評估。牢記這一點，讓我們回來討論在審判中如何檢視此時此刻：

> 因為我們都必須站在基督面前，受他審判。每一個人會按照肉身的行為，或善或惡，接受報應（作者補充說明：考慮個人的動機和目的，以及達到的、忙碌或專心致力完成的事情）。（哥林多後書 5:10）

作為信徒，本應將我們定罪入地獄的罪孽，已經被耶穌的血洗淨，永遠被遺忘（希伯來書 8:12）。然而，我們仍然存在著的惡行或不好的行為，需要在信徒的審判中負責。這應該引起我們的注意。

「惡」（*evil*）這個詞的希臘文是 *kakós*，定義為「與不好有關，暗示有害和損害」以及「在戰鬥中後退、退縮、撤退」。這個詞意味有害的影響，不僅可以由我們的行為引起，還可以由撤退或退縮引起；更簡單地說，就是我們*沒有做的*事情。因此，它包括我們所做的以及錯過的機會。聖潔的敬畏使我們對王國職責保持警覺，以及任何有害於上帝所愛生命的不良動機或行為。

聖經經常稱我們為「建造者」，你可以將其看作是承包商建造上帝永遠居住的訂製住宅。祂的家有一個名字——錫安（詩篇 132:13-14）——它的材料包含活石——祂所有的聖徒（彼得前書 2:5），而耶穌是主要的基石（以賽亞書 28:16）。

保羅明確指示了我們的任務：「上帝是我們的創造者，他藉著基督耶穌改造了我們，要我們行善；這是他早已計畫要我們去做的。」（以弗所書 2:10）注意，保羅寫道我們*應該*（*should*），而不是將會（*would*）執行這些任務。如果我們因為追求一時的自私利益而選擇退縮，這將被視為其中一種「惡行」。

保羅也寫道：「每一個人都要謹慎自己怎樣在根基上建造。」（哥林多前書 3:10）顯然，我們如何建造至關重要。我們是以祂永恆的話語建造，還是聽從這個時代的精神？我們是依照聖靈建造，還是迎合自我追求的慾望？保羅繼續說：

> 在這根基上，有人用金、銀，或寶石建造；也有人用木料、草、禾稭建造。到了審判的日子，每一個人的工程好壞都會顯露出來；因為大火將顯露並試驗每一個人的工程，使那真的品質出現。（哥林多前書 3:12-13）

我們有很多種方式可以選擇來度過上帝賜予我們的時間，如果我們為了自己暫時的利益活著，那被視為用可燃材料建造；如果我們無私地為建立祂永恆的國度而活，那被視為用不會被毀滅而是被淨化的材料。檢驗我們生活之火將是上帝的話語——換句話說，就是我們的動機、言詞和行為是否與之一致？

保羅接著說：「如果他所建造的工程經得起火的考驗，他就得獎賞。」（第14節）如果我們的行為和努力源於順服祂的話語和祂對我們生命的旨意，我們的成就將能永久持續。有兩點需要注意：首先，我們的成就將包括我們如何影響他人的生活，以及我們如何運用上帝賜予我們的才能來建立祂的國度。其次，我們的永恆獎賞將決定我們在祂國度裡的永恆地位。保羅接下來的話很吸引人：

如果他的工程被火燒毀，他就虧損，而他自己卻會得救，像從火裡逃出來一樣。（哥林多前書3:15）

這段經文有很多需要理解的地方。首先，要注意建造者是被救贖的，這不是指一個不信者會被永遠囚禁於火湖中，而是指一個將永遠居住在上帝國度中的人。

其次，損失是巨大的。這裡使用的希臘詞可以暗示懲罰或損失。大多數學者認為這不是指懲罰，我也同意這一觀點；然而，這個詞確實暗示了一種深刻的失落感。請記住，這種強烈的失去不僅會在審判時感受到，而且還會永遠影響我們的生活。

第三，這樣的比喻就像是僥倖從一堵火牆中逃脫。讓我們試著現代化這個比喻：西方人通常會為退休做準備（我個人不贊成這種心態，因為退休意味著從一項任務中退下——而這是「邪惡」〔kakós〕的定義之一，然而由於它是可以理解的，所以我將用退休做說明）。

想像一下，有一天某個人退休，銀行卻破產了，退休者所有的積蓄都失去了，只剩下錢包裡的幾塊錢。同一天，社會保障和所有持有他個人退休帳戶的公司都破產了。不僅如此，他的房子也被燒毀了，只能穿著身上的襯衫逃出來。他失去了一切，這種情況被認為是一場災難。然而，這正是保羅用來描述一些信徒將進入永恆的方式，而且不是只有二十五年（平均退休年限）的時間，而是永遠。

前面提過，保羅說信徒是被救贖的，然而一切都被燒毀，永遠失去了。記住，這是一個永恆的審判（決定），請不要誤解，被救贖並不是微不足道的事情；這遠遠比無止盡囚禁在火湖中要好。我們都將難以言喻地歡欣，但也會有一種本來可以的感覺。

難怪保羅接下來說：「我們既然曉得怎樣敬畏主，就以此勸導人。」（哥林多後書 5:11）請聽我的心聲——我希望保羅所指出的這種對神的敬畏能勸服你不要浪費時間在毫無益處的事情上，也不要把時間集中在你呈現和感知的形象上。我希望你恩賜的時間能致力於順從神的話語和聖靈。

屬於你的內化練習

經文： 因為我們都必須站在基督面前，受他審判。每一個人會按照肉身的行為，或善或惡，接受報應。我們既然曉得怎樣敬畏主，就以此勸導人。（哥林多後書 5:10-11）

要點： 我們對十字架的態度決定了我們將在何處度過永恆；而我們作為一個信徒的生活方式決定了我們將如何度過永恆。

默想： 我是否將每天專注於為永恆建設——以真理和愛來建設他人的生命——還是將我的力量、精力和時間用於為自己建設？

禱告： 親愛的天父，請原諒我將焦點、精力、努力和時間放在短暫的建設。請為我顯示如何在每日生活為耶穌的王國建設。請賦予我力量，讓我能夠影響人們的生命，使之與永恆相關聯。感謝祢，奉耶穌的名，阿們。

宣告： 我將尋找並參與永恆的機會，而不僅僅是那些隨著這個生命而消逝的機會。

第三週

Week 3

難以抗拒的聖潔

Irresistible Holiness

15

對人的畏懼

一般凡人畏懼人，而不畏懼神。
堅強的基督徒敬畏上帝，而不是人。
軟弱的基督徒畏懼人太多，而敬畏神太少。
——約翰．弗拉維爾（John Flavel）

真正的聖潔就是完全屬於上帝。聖潔的一個主要定義是「歸神為聖」[1]。它的意義如此廣泛，以至於可以寫成厚厚一本書。在這裡我們將重點介紹，因為聖潔敬畏是聖潔不可或缺的一個部分。但在開始之前，很重要的是要先明確聲明：真正的聖潔不是束縛，而是真正的自由。

亞拿尼亞和撒非喇的審判很有可能是每個人將來都會面臨的審判的前奏。懸而未決的問題是：這對夫婦是那些身在天堂但遭受「巨大損失」的一個例子，還是發現他們身處陰間？

常用來解釋這對夫婦永恆詛咒的經文，可以在福音書裡找到，耶穌說：「但是褻瀆聖靈的人永遠得不到赦免，因為他所犯的是永遠的罪。」（馬可福音 3:29）這種想法的錯誤來自「褻瀆」（blaspheme）的定義。「褻瀆」意味著「以損害或損傷他人聲譽的方式來發表反對某人的言論」[2]。這對夫婦對聖靈說謊，但根據定義，他們並沒有褻瀆。這使得他們的命運仍無定論。無論哪種情況，我們都不應該羨慕他們的結局。

那麼，在聖經中是否有一個我們知道在天堂，但將在審判台前承受喪失的例子呢？我相信有，讓我用保羅的話來呈現：

> 我這樣說是要贏得人的稱讚嗎？不是！是要上帝的嘉許！難道我想討人喜歡嗎？如果我仍然想討人喜歡，我就不是基督的僕人了。（加拉太書 1:10）

多麼強烈的聲明。如果我們屈服於誘惑而追求受歡迎程度，我們就會喪失成為基督僕人的特權；這樣做的話，我們將為了取悅他人而竭盡所能維護形象。保羅絕不會涉足其中，我們也應該如此。

保羅走在極高程度的聖潔敬畏之路上；記住，他是那位寫下「要戰戰兢兢，不斷努力來完

1. Spiros Zodhiates, *The Complete Word Study Dictionary: New Testament* (Chattanooga, TN: AMG Publishers, 2000).
2. Louw and Nida, 433.

成你們自己的得救」（腓立比書 2:12）的人。他專注於真實的形象——那將在審判時被揭示的形象，而不是他所呈現的形象。這讓他保持在真正的聖潔和對基督的順服之中，即使面對他人的失望、否定或拒絕。

我們應該時刻記住這個真理：你會侍奉你所敬畏的！如果你敬畏上帝，你會順從上帝；如果你敬畏人，最終你會順從人的慾望。我們經常更擔心冒犯眼前的人，而不是在我們肉身中看不見的神，特別當我們渴望一個人的愛或友誼的時候。因此，我們被告知：「懼怕人的，陷入網羅。」（箴言 29:25）亞拿尼亞和撒非喇顯然掉進了這個網羅。

我只能想像，與其他領袖的會面燃起了保羅的熱情，促使他後來在同一封信中寫下了這些衝突性的話語：

> 以後，彼得到安提阿來，因為他有明顯的錯誤，我就公開指責他。原來，在雅各所派來的人沒有到達以前，彼得跟外邦的信徒一起吃飯；可是那些人一到，他就退縮，不敢再一起吃飯，因為怕那些主張外邦人必須接受割禮的人。其他的猶太信徒也跟著彼得，像沒有原則的人一樣；連巴拿巴也受了他們的影響。
>
> 我一看出他們不遵循福音真理，就當眾對彼得說：「你是猶太人，而你的生活卻像外邦人，不像猶太人。這樣，你怎麼可以勉強外邦人過猶太化的生活呢？」（加拉太書／迦拉達書 2:11-14）

彼得、巴拿巴和其他猶太信徒害怕那些他們尊敬的人不認可，他們渴望被接受而產生了虛偽的行為，首先是彼得，然後是其他人。他們呈現的形象優先於正直，因此導致了不聖潔的行為。〈箴言〉29章25節的另一個版本告訴我們「怕人批評的，陷入危險」。

保羅，他保持了他的正直，當著彼得、巴拿巴和其他屈服於同儕壓力的人的面前責備了他們。保羅明快指出，如果保守的猶太領袖不在場，彼得和他的朋友們就按照真理、他們的真實形象生活。他們被賦予了成為耶穌基督真正代表的權力——接納、愛，以及與新的外邦信徒共事。但一旦情勢變化，彼得和朋友們轉而呈現另一個形象，以取悅他們同時期的人。他們行為的後果不是建設性的，而是有害的。

彼得是一位聖徒，他在天堂；然而，他正是一個例子，顯示那些邪惡或有害的動機、言語和行為將在審判台前受到審查。如果我們始終追求取悅耶穌的目標，我們就不會受制於關注他人如何感知我們，而是生活在真理中，這是真正聖潔的重要層面。仔細閱讀這段話：

> 上帝的話活潑有效，比雙刃的劍還要鋒利，連靈和魂，關節和骨髓，都能刺透。它能判斷人心中的慾望和意念。沒有一件事能向上帝隱瞞；一切被造的都赤裸裸地暴露在他眼前。我們都必須向他交帳。（希伯來書 4:12-13）

你是否理解了這些話？如果你因為很熟悉而匆匆掠過它們，請慢慢重新閱讀並思考每句話。請注意，神的話語深入我們內心最深處的思想和慾望，它揭示了我們真正的本質，而不是我們呈現的自己。如果聆聽並遵循，神的話語會保護我們免受自我欺騙的影響，比如「主看不見我們」這樣的想法，這會導致不虔誠或不聖潔的行為。

仔細聆聽神的話語使我們內心對主的敬畏保持活躍。它使我們充分意識到「沒有一件事能向上帝隱瞞；一切被造的都赤裸裸地暴露在他眼前」（希伯來書 4:13）。現在我們更清楚地理解了為什麼聖靈勸導我們：

> 年輕人哪，要學習我的教導，不可忘記我給你的指示。要聽明智的訓言，明白它的意義。是的，要追求知識；要尋求領悟。要像尋求銀子一樣熱心，像搜索寶藏一樣認真。這樣，你就會領悟什麼是敬畏上主。（箴言 2:1-5）

在我們內心深處追求祂的話語是最明智的，因為這個地方主宰著我們的動機和意圖。當我們將神的話語視為最珍貴的寶藏，並遵守所顯示的內容時，我們就進入了安全領域。當我們熱切追尋認識神的道路，並把它當成最高的獎賞，那麼我們就明白了敬畏耶和華，避免呈現虛偽形象欺騙。我們現在有能力以正直和真理生活，並腳踏實地的站在聖潔的道路上。

屬於你的內化練習

經文：總要記得我——上主、萬軍的統帥是神聖的；只有我是你應該畏懼的。因為我神聖可畏。（以賽亞書 8:13-14）

要點：你會事奉你所敬畏的。如果你敬畏上帝，你將服從上帝；如果你敬畏人，最終你將服從人的慾望。如果你尋求服從他人的慾望，你將不能再成為真正的耶穌基督的僕人。

默想：為什麼比起肉眼看不見的上帝，我更努力不冒犯眼前的人？為什麼我更渴望人們的愛、接納和友誼，而不是來自上帝的愛？我該如何改變這一點？

禱告：親愛的天父，我求祢原諒我曾經追求他人的認可，而不是祢的認可。耶穌，我悔改追求受人們歡迎，而不是祢的認可。我選擇聖潔，為祢走不同的路。從現在起，祢是我最終尋求取悅的那位。奉耶穌的名，阿們。

宣告：我是基督的僕人，我追求祂的認可，而不是他人的認可。

16

理所應得

無論何時，只要懷抱敬畏上帝的心，
就會同時表現在慈善和虔誠的行為中，
兩者也都不能成為忽視彼此的藉口。

——馬太．亨利（Matthew Henry）

加拉太書寫於公元四十九年左右，因此我們可以得出保羅對彼得和其他猶太領袖的指正發生在此之前。十多年後，大約公元六十三年左右，彼得寫了他的第一封書信。我確信這次的衝突曾經被整個加拉太教會得知，當他寫下這些話時，那次衝突仍然鮮活於他的記憶：

不可讓私慾支配你們，像從前你們愚昧無知的時候那樣……你們禱告的時候，稱那位按照人的行為，用同一標準來審判人的上帝為父親；那麼，你們寄居世上的日子應該**敬畏他**（彼得前書 1:14, 17）。

顯然，彼得正在寫給信徒們——那些捨己、釘死在十字架、全心全意跟隨耶穌的人。任何在這根基以外的歸附方式都是不可靠的（馬太福音 16:24；馬可福音 8:34；路加福音 9:23；加拉太書 6:14）。一旦重生發生，神的本性就在我們內部形成。這樣，他把他所應許那最大和最寶貴的恩賜給了我們；藉著這恩賜，得以逃避世上那毀滅性的慾望，而分享上帝的神性。（彼得後書／伯多祿後書 1:4）。

使徒警告我們不要回到以前受自己慾望所控制的生活，我們必須否認並釘死的最強烈渴望之一，就是**自我保護**。這是我們呈現一個受他人肯定的自我的核心動機——也就是對人的畏懼。這點不僅推動了彼得的有害行為，也是亞拿尼亞、撒非喇、巴拿巴以及其他人的動機。彼得警告說，如果我們屈服於這些渴望，不論是這一生還是來世，都將受到不利的評判。相反地，如果我們堅守上帝的旨意，我們將得到獎賞。在這些指示中，他發出了嚴厲的警告：**上帝不偏袒任何人**。讓我們思考一下這評論背後可能的原因。

這位使徒由耶穌賜予了強大的事工，他是早期教會的領袖之一。然而多年前在安提阿，他和他的猶太同伴陷入了這種自私的陷阱。也許保羅的警示讓他睜開雙眼、激起了他能誠實地評估自己的動機和行為。本質上，彼得不得不面對他虛偽背後的「為什麼」。也許在這場對峙中，他思考了其他聖經領袖的錯誤行為，如掃羅王和大衛王。掃羅違背了來自天堂的明確指令，以贏得軍隊的支持——人的畏懼。大衛犯了姦淫，然後殺害了那個女人的丈夫，以保護自己的名譽——人的畏懼。兩位領袖都受到了譴責，都為自己帶來了形式各異的判決。對於掃羅來說，他失去了他的王國；對於大衛來說，刀劍將永遠不會離開他的家庭。他們陷入了自以為是受到上帝寵愛的陷阱中，兩個人都妥協了合理的個人界線，因此步入不敬神或不服從的歧途。

彼得知道這有多容易發生。他警告我們避免「理所應得」的想法，自以為免受審判，例如：「我為上帝勤勉工作」，或「我為建立祂的國度貢獻了很多」，或「我多年投入代禱和祈禱」，或「我作為教會領袖取得了很多成就」。讓我們面對現實，這些欺騙性的論據是無窮無盡的，但都歸結為：我得到了一張免費通行證。這樣的心態拋棄了聖潔敬畏之寶。

彼得開始更充分地理解耶穌話語的重量，當耶穌說：「當你們做完上帝吩咐你們做的一切事，要說：『我們原是無用的僕人；我們不過盡了本分而已。』」（路加福音 17:10）「無用」（unworthy）在希臘語中被定義為「不值得特別讚美、不值得特殊表揚」[1]。不論我們如何勤奮地事奉上帝，我們永遠不應陷入一種應得的態度。這種欺騙的心靈很容易困住我們每個人，尤其是領袖們。

在他的書信中，彼得現在以經驗和啟示的角度寫作。他知道對抗對人的畏懼的解藥是以虔敬的敬畏生活。這裡再次說到深刻的尊敬和敬畏；他為我們提供了一個關鍵，使我們能夠在上帝面前得到獎賞，而不是受到不利的審判。在這樣的觀點下，如果我們檢視耶穌關於「窄門與難走的路」的教導，一個許多人忽視卻令人震驚的事實將會被揭露。

> 你們要從窄門進去；因為那通向滅亡的門**是**寬的，路**是**好走的，朝著這方向走的人很多。那通向生命的門是多麼窄，路是多麼難走，找到的人也很少。（馬太福音 7:13-14）

耶穌提到了窄門，大多數人認為這是經由耶穌的主權進入永恆生命的入口；我同意這一點。然而，我發現許多人認為「道路」是指不信者走向毀滅的道路。但是如果你仔細觀察，你會看到他可能不是在談論通過門之前的道路，而是在穿過門之後的道路。利昂・莫里斯（Leon Morris）寫道：「我們一開始就進入門（換句話說，我們承諾跟隨耶穌），之後我們追求前方的道路。」[2] 耶穌談論的是我們在被拯救之後在祂裡面的生活。祂宣稱這是困難的（或狹窄的）。

在我們西方教會裡如此流行的恩典已經拓寬了那條路，它宣稱「我們所有的罪，過去、現在和未來的，都已經獲得赦免。」這在適當的情境下是真實的；但我們被告知的方式使我們以為可以過一種寬容的生活，與失落的世界沒有多大區別，仍然可以與上帝有夥伴關係。這不是真的，因為彼得上面的話語之後表明了：

> 不可讓私慾支配你們，像從前你們愚昧無知的時候那樣。那位呼召你們的上帝是聖潔的；你們也**必須**在所做的一切事上聖潔。聖經上說：「你們要聖潔，因為我是聖潔的。」（彼得前書 1:14-16）

1. Louw and Nida, 429.
2. Leon Morris, The Gospel according to Matthew, The Pillar New Testament Commentary（Grand Rapids, MI; Leicester, England: W.B. Eerdmans; Inter—Varsity Press, 1992）, 175.

聖潔不是「應該」的建議，而是「必須」的命令。我們明智地聽從前者，但卻愚蠢地輕忽上帝的命令。此外，彼得所說的不是我們在基督裡的地位，而是我們的行動。我們必須在聖潔的敬畏中生活，以實現這種生活方式。上帝賦予我們兩個偉大的力量，幫助我們遠離窄路兩側的陷阱。第一個陷阱是律法主義，第二個是無法無天。

多年前教會中的許多人都陷入了律法主義的陷阱，在那時期，聖潔集中在人為制定的生活要求上，而這些要求是不合經文的。他們傳揚了一種以行為救贖的錯誤福音；這是可怕的奴役，導致許多人感到憤恨，甚至放棄了信仰。一個重大的啟示使我們擺脫了這個可怕的陷阱：上帝是一個善良的上帝。我們天上的父的愛變得真實，並把許多人從律法主義的陷阱中拉出來。

但就像人類經常會做的——我們決定遠離律法主義的陷阱，如此偏離，以至於到了相反的極端，而陷入了無法無天的陷阱。這個陷阱使我們相信我們是被不合經文的恩典所拯救，允許我們像世上其他人一樣生活——現在我們可以從我們的感官出發，依照我們的慾望來生活，而不是從內在基督能力中汲取、釘於十字架上的生活。這是一個謊言，讓許多人無法體驗到上帝的臨在、祝福與能力。

聖潔不是束縛，而是真正的自由，它為我們開啟了享受上帝和這個生命的道路。我們被召喚來過一種與拯救我們的那位相稱的生活。正是出於對主的敬畏，我們才能實現這一點，我們將在接下來的幾個章節中詳細討論這個真理。

屬於你的內化練習

經文：將有一條大道，要稱為「聖潔之路」。罪人不能走這條路；愚昧人不能在這路上徘徊。（以賽亞書 35:8）

要點：上帝的愛保護我們免受律法主義的陷阱；相反地，對主的敬畏保護我們免受無法無天的陷阱。聖潔的敬畏賦予我力量，使我能夠堅守真正聖潔的道路。

默想：我在哪些方面忽視了聖潔的敬畏，並容忍了我生活中不虔敬的行為？我在上帝國度中的服侍怎麼能讓我以為可以忽視上帝聖潔的命令？

禱告：親愛的主，求祢原諒我因認為我在祢國度的服侍而免受審判。我為此懺悔，並遵循祢的命令，而如同祢是聖潔的，我也要成為聖潔。我選擇接受祢對我的愛，也要敬畏祢的聖潔。經由選擇這兩者，祢的話語承諾我，將堅守通往生命的道路。奉耶穌的名，阿們。

宣告：我選擇聖潔，因為上帝是聖潔的！

17

遠離邪惡

Week 3——Day 3

孩子們，敬畏上帝；
要在你們的心中懷有聖潔的敬畏，以避免邪惡之事；
並謹慎照料、去擁抱和實踐善良之事。
——威廉・佩恩（William Penn）

敬畏主是我們慈愛的天父賜予我們的禮物，它保護我們不會遠離耶穌。耶穌是永恆生命、愛、喜樂、平安、善良、希望以及所有奇妙之源。遠離祂就是走向死亡、黑暗，最終是永恆的墳墓。經文告訴我們：「敬畏上主免受禍患。」（箴言 16:6）

讓我分享這個真理對我變得真實的時刻。在一九八〇年代末期，一位知名電視傳教士的腐敗行為公諸於世，他是世界上最知名人士之一，但是出名的原因卻是負面的。當時，他的事工在全球範圍內都是最大的，無論是影響力還是財務上，然而他已經響亮的名聲再創巔峰，卻是因為每家主要新聞台每天都在報導他的罪行、隨後的審判、判決，以及最後的監禁。

他被判在監獄服刑四十五年，但後來的上訴將刑期減至五年。一九九四年，他在監獄度過的第四年，我的助理接到了一通出乎意料的電話。儘管我對他不太熟悉，但有人送給他我的第一本書《荒野的勝利》（*Victory in the Wilderness*），現在改名為《上帝，祢在哪裡？！》（*God, Where are You?!*）。他在監獄裡讀了這本書，深受感動。他請助手聯繫我，看我是否願意去拜訪他。

我去了，而且永遠不會忘記那次的會面。他穿著囚衣走進探視區。他走向我，伸出雙臂，給了我一個誠摯的擁抱，持續近一分鐘；然後他抓住我的肩膀，眼底含著淚光問我：「是你寫的還是有人代寫？」

我回答說：「是我寫的。我經歷了痛苦，但遠不及你所承受的。」

他接著說：「我們有很多話要談，但我們只有九十分鐘。」

這是我第一次見到他，所以還有點不安。這個人受誹謗和詆毀如此嚴重，老實說，我不知道我究竟在跟誰說話。當我們坐下來時，他的第一句話就讓我放下戒備。他凝視著我的眼睛說：「約翰，這個監獄不是上帝對我的審判，而是祂的憐憫。如果我繼續走我當初的路，我將會永遠深陷地獄。」

那時他吸引了我所有的注意力，他繼續詳述了他過往有多邪惡，以及上帝在他生命中的拯救有多偉大。很快地我就意識到我正在與一個真誠、沮喪和悔改的上帝子民交談。他繼續告訴我，上帝是如何在他入獄第一年拯救他脫離黑暗的。

我得知他每天都花幾個小時讀經祈禱，不論是自己讀，或是團體活動方式。他熱情地談論他們在監獄中的教會，以及他們也是一位獄友的牧師。我覺得他條件最適合，於是問他為什麼不當牧師。他解釋道，他不想在他的轉變完成之前參與領導；他說：「約翰，我曾經是一個操縱專家，我不想給它有再來一次的機會。」

他的聲明一年後證明是真誠的。因為他出獄後加入了洛杉磯市中心的一個宣教組織，他在街頭低調生活了兩年，照顧無家可歸的人。他喜歡這個工作，因為這些流浪漢是全國少數不知道他是誰的人之一。

大約二十分鐘後，我感到足夠放鬆，開始提出一些問題。我從我能想到最重要的問題開始：「你是從什麼時候開始不再愛耶穌的？」我提出這個問題是因為在他事工的早期，他散發對耶穌洋溢的愛，他的熱情和激情對所有聽過他講道的人都顯而易見。我想知道他的愛是什麼時候冷卻的，更重要的，是什麼原因造成的。

他凝視著我的雙眼，非常誠摯地說：「我從來沒有不愛耶穌。」他的說法讓我感到震驚，還有點生氣。*他膽敢這樣說！*我心裡想。我立刻反駁道：「你在被控郵件詐欺並讓你最終進了這所監獄的之前七年，犯了通姦，你怎麼能告訴我，你那七年間愛著耶穌？」

他保持著眼神接觸，平靜地說：「約翰，我一直愛著耶穌。」我的困惑顯而易見。他停了下來，然後解釋道：「約翰，但我不敬畏上帝。」他又停了一下，然後說明道：「我愛耶穌，但我不敬畏上帝。」

我目瞪口呆，坦白說，我對剛才聽到的話感到敬畏。大約有十五秒的寂靜，我的思維一直在處理。然後他說出了至今仍在我心中迴響的話：「約翰，有成千上萬的美國人和我一樣——他們愛耶穌，但他們不敬畏上帝。」

這就好像是上帝親口說出來的一樣。他的話突然解答了許多問題。我感到震驚，當時最大的領悟是，他的故事用言語表達了我們國家大規模背離信仰的根本原因。可悲的是，當時盛行的背教現象自那時以來變本加厲。

經文明確指出，親近上帝的起點是敬畏主。如果沒有這種敬畏，我們就會與假冒的耶穌建立起虛假的關係，祂並非榮耀的主。我將在本書後面深入探討這個真理。但首先用兩個快速的例子來提供佐證。

就在我寫這篇文章的這個星期，我聽到一個令人心碎的消息，關於一個我從她小時候就認識的年輕女士。她在信仰中成長，自稱是耶穌的追隨者，但她過著放縱的生活，被她的男性友人稱為「很容易」。最近，她在 Instagram 上發文說，耶穌在她墮胎過程中一直牽著她的手。她指的是哪位耶穌？

另一位年輕女士，她嫁給一位虔誠的男人，當著我的面告訴我，耶穌應許她，如果她決定離婚，祂會照顧她。她果真離婚了，並在丈夫、孩子、家人和朋友之間造成了嚴重的傷害。她離婚的原因並非有醜事，她只是不再愛他了。沒有虐待，沒有不道德的行為，也沒有經濟問題——這全是她親口說的。事實上，她告訴我，他是一位善良和照顧人的丈夫和父親。她指的又是哪位耶穌？

這只是我可以舉出無數例子中的兩個。這些人聲稱與耶穌有關係，但現實生活卻以相反的生活方式，這兩位以及其他許多人是如何受到矇騙的呢？我相信這是由於缺乏聖潔的敬畏。

> 親愛的朋友們，我跟你們一起的時候你們常常聽從我；現在我不在你們那裡，你們更應該聽從我。要戰戰兢兢，不斷努力來完成你們自己的得救。（腓立比書 2:12）

保羅並沒有寫到我們應該以愛和善良在我們的救恩中成熟。許多人會肯定這兩位女士都是有愛心和善良的，他們會肯定她們多年來參與教會，並表達對耶穌的忠誠。但是，她們怎麼能陷入這樣無法無天的行為？她們缺少那位著名傳教士所缺少的東西。我們是因為對主的敬畏而遠離邪惡，而不是因為對上帝的愛。上帝的愛吸引我們親近祂；對上帝的敬畏使我們遠離那些試圖摧毀我們的邪惡。

屬於你的內化練習

經文：敬畏上主就須恨惡邪惡；我恨惡驕傲、狂妄，討厭邪僻和謊言。（箴言 8:13）

要點：對主的敬畏是來自我們慈愛天父的禮物，保護我們不遠離祂。當我們開始對罪惡容忍，而不是憎惡它時，我們就開始遠離祂。

默想：墮落並不是一個人發現自己與未婚的人共處一室才發生的。它也不是當一個人發現自己從雇主那裡貪汙錢財時才開始的。它早在此之前就開始了，當我們開始容忍耶穌為我們所贖的罪。我容忍了什麼耶穌為我們而死的罪？

禱告：親愛的主，我求祢原諒我容忍罪惡，不僅在我的生活中，還在我與那些信徒的關係中。原諒我沒有溫柔、帶著愛心直面他們，使他們不會繼續走錯的道路。我悔改這種容忍。感謝祢的赦免。奉耶穌的名，阿們。

宣告：我要愛人，因為上帝愛人。我要憎惡那使我愛的人變得不堪的罪。

18

長久性

Week 3 —— Day 4

我一直跟隨你的腳步，從來沒有偏離。

——詩篇17篇5節

一九九四年的兩次重要經歷——教會大會上關於我敬畏主的信息被糾正，以及電視布道家的監獄訪問——之後我心中一股激情被點燃了，想要理解並在聖潔的敬畏中成長。這兩個事件都傳達了相似的信息，但出自不同的角度。

那個教會，曾經是該地區最大、最有影響力的教會，現在已經不存在了。而它的牧師，曾經教導新約信徒不需要敬畏上帝，也不在事工中了。我在監獄中遇到的牧師失去了他的大型事工，但自從發現並擁抱聖潔的敬畏後，一直在忠實地事奉神和人民。他現在有一個不同的事工組織，目前正影響著許多人。

這兩個無關的事件揭示了敬畏主是避免被邪惡陷阱所困的關鍵，這種邪惡將縮短我們作為基督有效大使的任期。我們可以用一個詞來概括：*長久性*。最近一位受人尊敬的牧師與我分享了他與一位大學聖經教授的談話，這位教授經由廣泛的研究，檢視了上帝所召喚和委託的聖經中的人物。他發現，被選中的使者中，有百分之七十五的人的效力被縮短了，其中有許多人最終表現不佳。考慮到我們當今的事工悲劇以及這位牧師的研究，*長久性*是我們需要更認真對待的挑戰。

一九九〇年代末，聖潔敬畏對於長久性的重要性，經由另一件重要事件與其帶來的啟示，再次得到確認。我當時正在馬來西亞吉隆坡事奉。這是第十次也是最後一次的服務，會場擠滿了從全國各地前來的信徒。在完成信息後，許多人回應了事工的召喚。一群人站在寬闊的舞台前，等待著禱告。

我走下講台樓梯時，突然間上帝的臨在以一種具體和顯著的方式在禮堂中意外地顯現出來。這是祂愛和喜悅的標誌。站在我面前的人開始微笑，很快變成了笑聲，這種喜悅迅速蔓延，直到所有人都受到了影響。看來阿爸天父選擇來振奮祂的子女，很快的我就明白我不需要做什麼，所以我就坐在講台邊緣，享受的看著上帝加強和祝福祂的兒女。

大約五到七分鐘後，祂美麗的存在伴隨著氣氛中的寧靜升起。我們所有人都安靜下來，享受著禮堂中非凡的平靜。然而，瞬間，上帝的存在以從巴西記憶中的另一種方式顯現出來。我站了起來，預期到會有一種變化。它變得越來越強烈；這次沒有風吹，但祂的權柄和威嚴無疑是真實的。剛才那些笑的人，沒有任何口頭指示，幾乎同時開始哭泣，有些人淚流不止。

上帝的臨在變得越來越強烈，哭聲也變得更劇烈。就好像這些安靜的亞洲人正在被上帝的烈火洗禮一樣。又一次，沒有言語能描述這種顯現，這不是分享這一神聖時刻的重點，重要的是祂臨在的威嚴。它增強到一個程度，讓我覺得再也無法承受。

在這次相遇中，我敏銳地意識到我們的靈魂和精神之間的不同。我們被告知神的話能「連靈和魂……都能刺透」（希伯來書 4:12）。我的心智（靈魂）在想：「我再也承受不了了！上帝，夠了！」然而我的心靈（精神）在呼喊：「上帝，請不要離去，請不要停止！」

再一次，我又有了這樣的想法：*約翰，畢維爾，如果你做錯一個動作，說錯一句話，你就完了*。就像在巴西一樣，我不能確定這是否會發生，但我知道在這種氛圍下，不敬是不被容忍的。

祂威嚴的臨在完完全全的彰顯了持續三到四分鐘，然後消失了。接著，沒有任何指示之下，人們再次整齊一致地安靜下來。在這餘波後的平和中，我保持了幾分鐘的沉默。

當我們離開建築物時，周遭環境是莊嚴、寧靜而虔誠的。我停下來與一對來自印度的夫婦互動，上帝的臨在對他們都有重大影響；我們只是驚嘆地相互看著對方，好一會兒沒有說話，然後她輕聲說：「約翰，我感覺內心如此純淨。」她的丈夫點頭表示同意。

當她說出這些話時，我的心跳躍了起來。終於，有人準確地表達了我那時在巴西以及此刻在馬來西亞的內心感受。我控制著情緒回應說：「我也是。」我們不再交談，但她的話語在我心中持續迴盪了一整個晚上。

第二天早上，我在酒店房間裡準備和教會跟聖經學院的年輕事工人員打籃球。突然，我聽到聖靈對我的內心說：「孩子，讀（詩篇）第19篇。」我抓起我的聖經，翻到了那一段，開始讀起來，當到了第九節，我讀到：

耶和華的道理潔淨，存到永遠。（詩篇19:9）

我在房間裡大喊：「就是這個！就是這個！」我感到驚嘆，這正是那位女士前一天對我說的話。我們在靈魂中感覺到一種難以形容的純潔和潔淨。

然後，「存到永遠」的字眼跳出了頁面。聖靈立刻對我的心說：

孩子，路西法曾經在我的寶座前帶領敬拜，他帶領整個天堂的眾軍隊，因為他被指定並受膏如此做。他曾經與我親近，看到了我的榮耀，但並不敬畏我；因此，他並未在我的寶座前持續永久。

三分之一的天使看到了我的榮耀，而與路西法站在一起。他們不敬畏我，他們並未在我的面前持續永久。

亞當和夏娃在涼爽的日子裡，在我的榮耀中行走。他們並不敬畏我，他們並未在伊甸園中持續永久。

孩子，每一個永恆圍繞我的寶座的被造之物，都將經歷敬畏主的聖潔考驗。[1]

我的雙眼因頓悟真理而睜開。我開始思考所有那些事工效力被縮短或未能完滿的牧師們。許多人起初充滿熱情，深愛耶穌，順服並犧牲來事奉神的子民，但他們變得厭倦、懷疑，許多人離開了事工。他們並未持久。

其他仍在事奉的人，但將其做為牟利和其他自私目的的手段。有些人成為性侵犯，利用他們的領導地位，針對無辜女性達成其目的；有些人成為顧問，收取高額費用、編寫欺騙性的信息，以操縱追隨者捐獻大筆款項；還有一些人捏造來自上帝的預言，把信息從他們應該事奉的個人那裡挖出來，然後宣稱他們受到上帝啟示而得知。腐敗行為的清單幾乎是無窮無盡。

那些最初那麼純潔的人是如何受到如此汙染呢？為什麼效力不能長久？那是因為缺乏對主的敬畏。耶穌所喜悅的被視為是理所當然，甚至被拋棄，就像美國東南部的那位牧師一樣。神稱為「祂的寶藏」的，他們自己和別人都試圖說服他們放棄。但請聽聽敬畏主和長久性的神的話語：

敬畏上主的人多麼有福啊！……他的義行存到永遠。……他永遠不被遺忘。（詩篇 112:1, 3, 6）

我們不用經歷悲劇才發現聖潔敬畏有多麼重要。請看在上帝的榮耀和你長久性的份上，讓聖潔敬畏成為你的寶藏吧。

1. 譯注：此段為作者為配合本章主題說明，藉由部分經文發表感想及聖靈對他所言，並未直接引用經文，因此未引用中文聖經翻譯，而採取直翻作者文字。此段可與〈以西結書〉28章13-17節、〈啟示錄〉12章4及7節、〈創世紀〉3章8節連結參考。

屬於你的內化練習

經文：但上主永遠愛惜敬畏他的人；他的公義持續到萬代。（詩篇 103:17）

要點：每一個永遠環繞在上帝寶座周圍的被造之物，都是那些敬畏上帝的人。

默想：生活得好的一個方面是善終。對上主的敬畏永遠長存。我如何能夠使聖潔的敬畏，成為我生活的一個常態？我可以用什麼實際的方式，讓聖潔敬畏持續成為我所說所做的一切的過濾器？

禱告：親愛的天父，祢的話語陳述了祢能夠使我不遠離祢，並且歡歡喜喜地帶我進入祢榮耀的同在，毫無錯失。我知道，這是因為我的主耶穌的救贖，伴隨著接受聖潔的敬畏，而確保了這種永恆的關係。我祈求聖潔的敬畏長存我心，這樣我可以永遠安住在祢的面前。我奉耶穌的名祈禱，阿們。

宣告：我必永存敬畏的心，住在的殿裡，永遠與祂同在。

19

淨化自己

如果你不為你的天父是聖哉、聖哉、聖哉而感到喜悅，那麼你在屬靈上是死的。你可能在教堂裡，可能在基督教學校；但如果你的靈魂沒有對上帝的聖潔感到喜悅，那麼你不認識上帝，你不愛上帝，你與上帝失去聯繫，你對祂一無所知，就像是在祂的本尊面前熟睡一般。

——R.C. 斯普勞爾（R.C. Sproul）

「耶和華的道理潔淨，存到永遠」（詩篇 19:9）詩篇作者給出了兩個聖潔敬畏所帶來的引人注目的果實：潔淨和長久，這不容忽視或掉以輕心。讓我們首先來探討第一個，後面的章節將進一步討論後者。保羅寫道：

> 親愛的朋友們，既然我們得到這些應許，我們應該**潔淨自己**，除去一切使身體和心靈污染的事物，在敬畏上帝的生活中達到**聖潔**。（哥林多後書 7:1）

在此，我們看到傳達出跟詩經作者同樣的真理，但更深入。首先我想指出，聖潔是透過對上帝的敬畏而成熟的，而不是透過對上帝的愛。回想一下那位曾過著不敬虔生活方式但同時熱愛耶穌的著名傳道者。一旦他接受了聖潔的敬畏，他潔淨了自己，並擺脫以前的汙穢。這反過來使他與耶穌建立起比以前更真實的關係，一個更偉大的關係。他在經歷中學到的，我們也可以在聖經中看到。

正如我們已經討論過的，如今聖潔已經不是最受歡迎的話題。對許多人來說，它不甜美可口，讓生活變得無味掃興；它被視為要嘛是法律束縛，要嘛是一種高尚但難以達到的美德。魯益師（C.S. Lewis）經由寫作解決了這種無知，他寫道：「認為聖潔是乏味的人多麼無知啊。當一個人遇到真正的聖潔時……它是無法抗拒的。」[1] 所以，讓我們準備好去追求這無法抗拒的吧。

正如我之前提過的，聖潔的主要定義是「歸神為聖」，而這當然包括純潔。想像一位新娘，她為自己的丈夫設置了一個特別的地位，這包括拒絕慾望或與其他情人交往，這代表了聖潔的純潔面向。然而，保羅告訴我們要自我淨化，他沒有說：「耶穌的血會淨化我們。」然而，讓我澄清一下：耶穌的血確實會將我們一切的罪淨化；但當我們混淆稱義的工作與成聖的工作時，我們就會感到困惑。

當我們懺悔並接受耶穌基督為我們的主時，我們的罪被赦免，我們被完全洗淨。上帝把我們的罪埋在遺忘之海中，祂不再記得什麼罪了！這個工作完成了、完美了，無法再改進。我們沒有做任何事情來獲得這個驚人的現實；這是上帝的恩賜。這是**稱義**的工作。

但就在我們接受稱義的那一刻，**成聖**（聖潔）的工作開始了。這是我們內心的改變開始在我們的生活方式中**顯現**出來；我們的新本性在我們生活的方式中成為外在現實。這正是保羅在寫信時所談論的內容：

> 要戰戰兢兢，不斷努力來完成你們自己的得救；因為上帝常常在你們心裡工作，使你們既**願意**又能夠**實行**他美善的旨意（腓立比書 2:12-13）

顯然，這仍然是上帝恩典的工作，但我們必須與祂所賜予的力量合作：**願意**和**實**行。正如敬畏和戰兢使巴西的人民能夠進入上帝的臨在，並從祂那裡獲得一樣，聖潔的敬畏和戰兢激發我們，使我們在服從上帝的恩典中得以加強。

西方教會許多教師常見的錯誤是將聖潔的工作等同於稱義的工作。換句話說，我們不需要做任何事，耶穌已經做了一切。他們的論點是，儘管我們繼續過著與世界並無二致的生活，受

1. C. S. Lewis and Clyde S. Kilby, *C.S. Lewis: Letters to an American Lady* (Grand Rapids, MI: Eerdmans, 1997).

各種私慾的控制，但我們是聖潔的，因為耶穌是聖潔的。讓人更困惑的是，新約裡的確有些經文似乎支持他們的說法。然而，他們的錯誤在於混淆了我們地位的聖潔與我們行為的聖潔。請容我解釋。

地位的聖潔完全是耶穌為我們所做的，反映了我們在基督裡的地位；這是基督稱義的工作所帶來的祝福之一：「在創世以前，他已經藉著基督揀選我們，使我們在他面前成為聖潔、沒有絲毫缺點的人。」（以弗所書 1:4）我們永遠無法贏得這個地位。保羅再次寫道：「我們得以跟上帝有合宜的關係，成為上帝聖潔的子民，並且得到自由。」（哥林多前書 1:30）

一九八二年十月二日，麗莎．托斯卡諾（Lisa Toscano）和我締結婚姻盟約，她成了麗莎．畢維爾，在那一天她的地位成了我的妻子。她今天不會比我娶她那天更成為我的妻子，四十年之後也不會。從地位上來說，她在婚禮當天就成為了我的妻子，工作已經完成。同樣地，在基督裡，我們在得救的那一天就已經有了聖潔與潔淨的地位，永遠不會變得更聖潔。

然而，當麗莎成為我的妻子，她的行為也開始與她的地位一致。在她成為我的妻子之前，她與其他男子約會，給他們她的電話號碼，為自己的慾望而活，以及其他單身女性會做的事情，但現在她不再這樣做。她的行動與我們共同締結的契約一致。隨著我們婚姻的延續，這種行為在與我們契約的一致性方面變得更加成熟。請聽使徒彼得的話：

要順服上帝，不可讓私慾支配你們，像從前你們愚昧無知的時候那樣。那位呼召你們的上帝是聖潔的；你們也必須在**所做的一切事上**聖潔。聖經上說：「你們要聖潔，因為我是聖潔的。」（彼得前書 1:14-16）

請注意，彼得並沒有談論我們地位的聖潔；相反地，他談到的是我們行為的聖潔，而這正是保羅在告訴我們要自我淨化、遠離一切汙穢時所要說的。這就是成聖的過程，而不是稱義時附贈的地位禮物。

新約中還有其他關於我們行為聖潔的經文嗎？答案是肯定的。有太多了，無法一一列舉，但讓我引用另一段經文：

上帝的旨意是要你們聖潔，絕對沒有淫亂的事。每一個人要曉得依照聖潔合宜的方法**控制自己的身體**，而不是憑著情慾，像不認識上帝的異教徒那樣。（帖撒羅尼迦前書／得撒洛尼前書 4:3-5）

最近，在一個周日的教堂聚會後，一名男士對我說：「我是一名單身基督徒。我與女人上床，因為要過禁慾生活是不可能的。我會暫停幾個月，然後又回到與女人上床。但這不是我來談論的主要問題。我的主要問題是，為什麼我的事業這麼不順呢？」

我感到震驚。我們偏頗的恩典信息是否已經讓人們相信，他們將能在公然的罪行中繼續與上帝同在並蒙受祝福呢？在一個教會婦女大會的問答時間中，一位女士問我的妻子：「我真的愛我的丈夫，但他經常出差，我一直跟其他男人發生關係。我該怎麼辦？我應該告訴他嗎？」

這兩個人確實相信他們與耶穌友好，但，那是位於上帝右手邊的耶穌，還是贗品耶穌？這些例子只是冰山一角。我與其他許許多多的人有過類似的經驗，是不是對過聖潔生活的召喚已經如此被消音，以至於所有堅定的信仰也都沉默？然而保羅寫道：「所以那拒絕這種教導的，不是拒絕人，而是拒絕那賜聖靈給你們的上帝。」（帖撒羅尼迦前書 4:8）

請記住，聖潔有一個難以抗拒的面向，當我們繼續追求，我們將清楚地看到這一點。

屬於你的內化練習

經文：若有人說「我認識他」，卻不遵守他的命令，這樣的人是撒謊的，真理跟他沒有關係。（約翰一書 2:4）

要點：成聖（聖潔）的工作是指我們內心所完成的工作在外部得以體現；我們的新的本性在我們的生活方式中成為外在的現實。

默想：聖潔是上帝恩典的成果，但我必須與祂合作，願意並能夠按照祂的旨意實行。我相信這一點嗎？我是否忽視了這個真理以及祂命令我聖潔的誡命，因為我混淆了地位聖潔和行為聖潔？或者是過去的失敗讓我對上帝在我內心的工作失去信心？我如何才能重新相信這一點，使它在我的生活中成為現實？

禱告：親愛的天父，我求你在我內心行動，使我願意並能夠成就你的美意。我渴望在外部生活中體現你在我內心已經完成的工作。奉耶穌的名，阿們。

宣告：我在聖潔的敬畏和戰兢中，實行我的救恩。

Week 3 —— Day 6

20

我們的追求

要時常走在筆直的路上……過聖潔的生活。

——希伯來書12章13–14節

聖潔本身不是目的，而是通往最重要事物的通道。現在，讓我們透過不同的譯本檢視我們的開場經文，來探討它無法拒絕的面向：

追求聖潔；非聖潔沒有人能見主。（希伯來書 12:14）

「追求」（pursue）一詞的希臘文是*diōkō*，其定義為「以密集的努力和明確的目標或目的去做某事」[1]。經由觀察這兩種譯本並聽取 *diōkō* 的定義，毫無疑問，這句話表明了要熱情地追求聖潔，試圖攫取它。

我們第一個問題應該是，這是指地位的聖潔還是行為的聖潔？讓我們回到麗莎和我的婚姻的例子。你能想像麗莎對她的一位密友說：「我正在拼命地追求成為約翰的妻子！」

她的朋友會笑著說：「你已經是了！你在婚禮那天就成為他的妻子了。」

一個女人不會追求她已經擁有的「妻子」地位。但一個女人可以追求作為妻子的最佳行為。對於聖潔也是一樣的，我們不是在追求我們已經擁有的地位，而是在追求「對得起主」的行為（歌羅西書 1:10）。

我們被明確告知，忽視這個命令的後果就是無法見主。這是一個令人警醒的想法！它當然會對我們造成永久的影響，但這不是我們目前討論的重點。對我們當前的話題而言，重要的是，這如何影響我們當下的生活？

由於我是美國的公民，我可以說我與美國總統有一個「關係」。我受到他統治權威的約束，並受到他所做決策的影響，就像其他三億三千二百萬美國公民一樣。但即使我有這種與總統的關係，直到今天，我仍未被授予與總統的私人會面。簡而言之，我從未置身於我們任何一位美國總統的面前或與他互動過。另一方面，還有其他美國人經常能見到總統；他們是他的朋友或

1. Louw and Nida, 662.

與他密切合作。無論哪種情況，他們更了解住在白宮的那位，比我更瞭解許多。他們在親密層面認識他；而我只知道他是我們國家的領袖。

同樣地，有數百萬的信徒受到耶穌基督的統治，祂保護、愛護、供給他們，並回應他們的請求。然而，問題是，他們是否見到祂？換句話說，他們是否體驗到祂的顯現臨在？

在巴西有數千名信徒缺乏能帶他們進入主面前的行為。然而一旦他們悔改，就被准許與主會見；這在每天都成立，甚至在每時每刻的基礎上也成立。如果缺乏對上帝的敬畏，我們就會缺乏追求聖潔行為的動力，而這種行為賦予我們有資格經歷祂的顯現臨在。耶穌說：「凡接受我命令並且遵守的……我也愛他，並且向他顯明我自己」（約翰福音 14:21）。

值得再次強調：沒有行為的聖潔，就無法見主。為什麼這麼關鍵呢？首先，如果我們不見祂，如果我們缺乏祂的顯現臨在，我們就無法親密地認識祂。我們只能對祂有所了解，就像我跟美國總統的關係一樣。或者更糟的是，我們欺騙自己，創造出一個虛幻的耶穌；這種幻覺是最危險的，因為我們相信自己認識一個我們實際上不認識的人。雅各告訴我們：「但是，你們不要欺騙自己，以為只要聽道就夠了；相反地，你們必須行道。」（雅各書／雅各伯書 1:22）。被欺騙的人會相信他們認識某人或某事，但實際上卻不認識。

第二個原因同樣重要。若不去注視祂——不在祂面前——我們就無法被改變或轉化成祂的樣子。保羅提到那些看見主的人「所發出這榮耀在改變我們，使我們成為他的樣式，有更輝煌的榮耀」（哥林多後書 3:18）。這種轉化始於內心，然後逐漸展現在外，在他人面前可見。

我們的純潔不能像法利賽人一樣。耶穌說：「外表看起來你們十分公正，內心卻裝滿著虛偽和邪惡。」（馬太福音 23:28）他們的動機和內心像死屍一樣不純潔和骯髒。他們缺乏對主的敬畏，這使他們追求的公義完全基於外在行為，將呈現的形象視為重點。這阻礙了內在轉化，因而無法帶來相應的外在行為。他們認為他們認識神，但實際上是他們不認識站在他們面前的造物主，因此與祂的心願背道而馳。他們愚弄了自己。

即使在今天，我們追求的聖潔也必須源於我們的內心——我們的思想、動機和意圖，這最終會影響我們的外在行為。這就是為什麼耶穌說：「心地純潔的人多麼有福啊；他們要看見上帝！」（馬太福音 5:8）。若沒有看見祂，我們就缺乏內在的轉化——真正的聖潔——因此也看不見祂。這互為因果。

僅僅具備外在的虔誠形式卻否認內心渴望的轉化力量是不夠的。我們必須在內心深處（動機和意圖）渴望追求真理。對於那些對聖潔採取輕率態度的信徒，使徒雅各非常強硬。他寫道：

> 你們求仍然得不到，是因為你們的動機不好；你們所求的不過是要揮霍享樂罷了！你們這些**淫亂的人**哪，豈不知與世俗為友就是與上帝為敵嗎？（雅各書 4:3-4）

雅各使用了淫亂者這個詞，這是用來表示違反婚姻盟約者的詞語。上帝經常使用婚姻的意象來說明我們與祂的盟約；耶穌被稱為新郎，我們是祂的新娘。保羅聲明，男人和女人之間的婚姻是耶穌基督和教會結合方式的一個例子（以弗所書 5:31-32）。

世人追求自私的利益或令人驕傲的成就，因此關注呈現和感知的形象。當我們在追求聖潔方面忽視了神的旨意而使自己與世界的慾望同聲共氣時，我們變成了淫亂者。這對我們的丈夫來說是如此的冒犯，以至於我們實際上把自己變成了祂的敵人。因此，雅各繼續說：「有罪的人哪，要潔淨你們的手！偽善的人哪，要潔淨你們的心！」（雅各書 4:8）我們只能通過懷著對主的敬畏來潔淨我們的心，這將驅使我們追求真正的聖潔！

我已經與麗莎結婚超過四十年，之所以堅決不背叛她，有個很強而有力的原因。首要原因是我敬畏上帝。我與祂立下盟約，無論她的回應或行為如何，我都要愛護她。第二個原因是，我不想失去與這位美好女性的親密關係。我喜歡她向我傾訴，分享她內心最深的祕密和心靈的渴望。根源是，我愛我們的親密關係。

與耶穌的關係沒有不同。我致力避免對祂犯淫亂的原因是，我不想失去我們分享的親密關係。我喜歡與祂同在的親近感和我們在一起進行的親密對話。我喜歡當祂與我分享我以前從未知道的祕密。這可能就是為什麼有人告訴我們：

> 耶和華與敬畏他的人親密；他必將自己的約指示他們。（詩篇 25:14）

我們現在才剛開始發現聖潔無法抗拒的一面。我們將在下一章節中繼續揭示它的美好。

屬於你的內化練習

經文：喜愛純潔的心和詞令優雅的人能贏得君王的歡心。（箴言 22:11）

要點：若不追求行為的聖潔，同時帶著攫取它的意圖，我們無法進入主的同在。這並非關於我們何時達到完美的聖潔，而是何時我們將它變為我們內心的追求。

默想：上帝知道我是否在追求聖潔的行為，或是我一直在為世俗的慾望和成就的驕傲找藉口。一切都始於我內心的意圖。我是否會追求純潔的心靈和思想，從而改變我的行動？即使身邊的人不理解，我是否仍然會這樣做？

禱告：親愛的天父，請原諒我未曾追求聖潔。我忽視了它的重要性，但現在我明白，這應該是我的追求，因為它是與祢見面的通道。請原諒我的世俗行為和追求，並以耶穌的寶血淨化我。我以耶穌之名悔改對聖潔的漫不經心，阿們。

宣告：我全心全意地追求聖潔，並打算攫取它。我的目標是要如同上帝一樣是聖潔的。

21

慾望與權力

公義的上主啊，你使公平的人走平坦的路；
你使正直的人走康莊大道。

——以賽亞書26章7節

也許此時，你正在悔恨自己曾嘗試過聖潔的生活，但坦白說，你失敗的次數比成功的次數還多。你渴望與上帝親近，但卻在順從上遇到困難。請先知道這一點：祂對你的渴望比你對祂的渴望還要強烈。因此，要感到歡喜，因為上帝是站在你這邊的！讓這個真理減輕你的壓力。

很有可能的問題在於你**嘗試**去做。摩西的法律證明了我們無法遵守上帝的命令；我們需要來自神的幫助，這種幫助就是神的恩典。大多數信徒知道，耶穌基督的恩典使我們擺脫律法的要求，但很多人不知道的是它還更進一步：它賜予我們一個新的本性，使我們有能力擺脫罪惡（羅馬書 6:6-7）。

我們來看一下保羅對我們要潔淨肉體和精神的命令，這是由一個經常被忽視的陳述所引導的，在前幾段他寫道：

> 我們是上帝的同工，我們要勸勉你們：既然已經接受了上帝的恩典，你們不可使這恩典落空。因為上帝說：「在悅納的時刻……我幫助你。」（哥林多後書 6:1-2）

那個悅納的時刻已經來臨，我們可以在祂的幫助下過聖潔的生活。不幸的是，神恩典的傳達遠未發揮它的潛力。它被教導為永恆的救恩、罪的赦免、擺脫罪的刑罰以及一個不應得的禮物。儘管這些事實完全正確，但沒有被廣泛傳達的是它的賦能作用。神對使徒保羅說：「你只要有我的恩典就夠了，因為我的能力在你軟弱的時候顯得最剛強。」（哥林多後書 12:9）簡單來說，就是「保羅，你在自己的能力下做不到的，現在你可以藉著我的能力做到，這就叫做恩典。」

彼得也肯定了這個真理：「願你們……得到豐豐富富的恩典和平安！上帝的神能已經把我們過敬虔生活所需的一切給了我們。」（彼得後書 1:2-3）另一聖經版本《新普及譯本》（*New Living Translation, NLT*）更加直接：「藉著祂的大能（恩典），神已經賜給我們過聖潔的生活所需要的一切。」[1] 恩典賦予我們能力過聖潔的生活！

為什麼這個真理如此重要？基督教是一種信仰生活。整個信息被稱為「信（主）的道」（羅馬書 10:8）。換句話說，除非我們相信，否則我們不會從神那裡得到任何東西，而我們無法相信我們不知道的東西。因此，如果我們不了解恩典的賦能，我們將繼續試圖用自己的能力來取悅神。這將導致一種無果的、痛苦的存在。

看一下新生的例子。有許多未得救的人承認他們相信神能拯救；然而，除非他們悔改並相信福音，否則他們不能得到拯救的恩典。至於我們對聖潔的追求也是如此。有許多基督徒相信神能賦予他們過聖潔生活的能力，但除非他們全心全意地相信恩典具有賦能作用，否則他們將得不到益處。

保羅懇求哥林多的信徒「不可徒受他的恩典」（哥林多後書 6:1）。什麼意思是徒受恩典？這只是意味沒有充分利用它的潛力。如果一個人被給予農業設備和種子，他可以種植食物來吃，以維持生活。但如果他不使用所提供的東西，他將因飢餓而喪命。當他死後，他的鄰居會說什麼？「他徒然接受了設備和種子。」

這就是保羅要講的——神已經賜予了恩典，幫助你以自己的能力從事做不到的事情。它賦予你能力追求並實現一種聖潔的生活方式。不要因為不相信而忽視、不去開發這個力量。如果神的恩典僅僅是西方文化中廣泛傳授的那些，不過是救贖、赦免和通往天堂的門票，那麼有誰會徒然接受呢？沒有可能被浪費，所以保羅的語句毫無意義。

如果我們跟隨使徒的思路，一切都合情合理。哥林多的教會世俗化，他們在尋求聖潔的過程中顯得不足。為了證實這一點，保羅在同一封信的稍後寫道：「我又怕下次去的時候，我的上帝要使我在你們面前蒙羞；而我難免會為著許多從前犯罪、淫亂、放蕩，到現在還沒有悔改的人悲傷哭泣。」（哥林多後書 12:21）在第六章中，保羅首先懇求這些信徒不要浪費神的恩典，然後插入他對他們的愛，並問為什麼這種愛沒有得到回報。接著他回到主要思想，指出他們對上帝恩典的忽視表現在影響了他們的不虔誠的人身上：

> 不要跟不信的人同負一軛。正和邪怎能合作呢？光明和黑暗怎能共存呢？（哥林多後書 6:14）

我們必須記住，進入世界傳遞福音和受到不當的影響之間存在著差異，這只會導致我們脫離生命道路的行為。這再次被識別為屬靈的淫亂。然後，保羅提醒這些屬肉體的信徒，他們是神的居所，神渴望「與我的子民同住，在他們當中往來。我要作他們的上帝；他們要作我的子民。因此主說：你們要離開他們，從他們當中分離出來。不要沾染不潔之物，我就接納你們」（哥林多後書 6:16-17）。

再一次，我們看到了神應許了更高層次的顯現臨在。他不是說定期拜訪我們，而是與我們

1. 譯注：作者此處採用的是《新普及譯本》（*New Living Translation, NLT*），與國內慣用版本較不同，故此處採直譯。

同住！再次，我們看見神（祂的顯現臨在）的應許是有條件的。如果我們遠離世界所執著的自私和傲慢的慾望，我們會得到與君王持久會面的承諾——「我就接納你們」。反之，如果我們被世界的不潔污染，我們將不被賦予會面的機會。保羅以清晰的陳述作為結論：

親愛的朋友們，既然我們得到這些應許，我們應該潔淨自己，除去一切使身體和心靈污染的事物，在敬畏上帝的生活中達到聖潔。（哥林多後書 7:1）

現在，我們可以更充分理解保羅對腓立比教會的陳述：「要戰戰兢兢，不斷努力來完成你們自己的得救；因為上帝常常在你們心裡工作，使你們既願意又能夠實行他美善的旨意。」（腓立比書 2:12-13）敬畏主激勵我們願意（給予我們渴望），而主耶穌基督的恩典使我們有能力實行（賦予我們能力）。進一步來說，如果缺乏渴望（因為缺乏聖潔的敬畏），賦能將不會是優先事項而不被充分利用；它將是徒然接受！這就是為什麼聖潔的敬畏對於我們的效果和長久性如此重要的原因。

希望現在已經清楚，純潔是聖潔的一個重要層面，但不是其完整的定義。再次強調，聖潔的主要定義是將自己奉獻給神，完全屬於祂。讓我們更充分地說明聖潔的核心含義：當新娘嫁給新郎時，她完全將自己獻給了他。這種奉獻包括她的地位和行為方面的純潔。純潔不是最終目標；最終目標是成為新郎的聖潔新娘，而其中包括純潔。

因此，真正的聖潔是一種超越的、奉獻的純潔，它打開了通往與神深度親密的大門，這是我們將在本書結束之前繼續討論的無法抗拒的事情。但首先，我們需要繼續討論如何實際上活出我們對新郎的奉獻。答案可以用一個詞來概括：順服。

屬於你的內化練習

經文：你要藉著基督耶穌所賜的恩典剛強起來。（提摩太後書 2:1）

要點：如果我們不了解恩典的賦能，我們將繼續試圖用自己的能力來取悅神。我們將徒受了神的恩典。

默想：我是否曾嘗試過聖潔的生活，但失敗的次數比成功的次數還多？是否曾試圖以我自己的能力來嘗試？是否依賴神的恩典來賦能我過聖潔的生活？如果沒有，我該如何改變這一點？

禱告：親愛的天父，我明白只有藉著祢恩典的力量，我才能過上敬虔的生活，一個歡迎祢榮耀同在的生活。請原諒我曾試圖用自己的能力來做到這一點。從現在開始，我將在祢的恩典中變得剛強，過上一種榮耀耶穌的特出生活。我奉耶穌的名祈禱，阿們。

宣告：我受到聖潔的敬畏所激勵去追求聖潔，並將藉著神恩典的能力來實現。

第四週

Week 4

回應上帝的話語

Our Response To God's Word

22

戰兢於上帝的話語

求你領我走你誡命的道路，因為我從它得到喜樂。

——詩篇119篇35節

Week 4 — Day 1

在第一部分中提到，對主的敬畏可以分為兩類的定義：對上帝的臨在戰兢以及對上帝的話語戰兢。我們已經討論過上帝榮耀的臨在，儘管遠遠未窮盡，因為我們將在永恆中持續對它感到敬畏。在這一部分，我們將把焦點轉向我們對祂的話語的回應。

首先，讓我們注意一個時期，上帝的子民偏離了與祂的真誠關係，取而代之的是純粹的形式主義。為了引起他們的注意，上帝問道：「天是我的寶座，地是我的腳凳。你們能為我造哪種殿宇，給我什麼安息的住所呢？」（以賽亞書 66:1）

如果我們將這一章的前五節放到上下文中閱讀會發現，全能者正在對那些試圖按照自己的方式發展和維持與祂關係的人進行交流。他們沒有全心全意地遵循祂的方式，而以為這樣會取悅祂。上帝明確指出，他們選擇的道路是有冒犯性的，但立刻提供了進入真誠關係所需的條件：

> 我看顧謙卑痛悔的人，也喜愛聽從我話的人。（以賽亞書 66:2）

「我看顧」（I will bless）這句話是希伯來語動詞 *nabat*，其定義為「看、觀察、注視。它具有專注地看著某物的感覺。」上帝本質上是在說：「這就是我將密切關注的人。」並列出了三種美德：謙卑、悔改的心，以及那些「對我的話語戰兢」的人。這將是我們本節的重點。在上帝的話語面前戰兢的人總是將祂的話看得比任何其他事情都重要，沒有比這更重要的。這是聖潔敬畏的真實證據。這樣的人是最有福的。保羅也以同樣的觀點寫道：

> 那麼，親愛的朋友們，我跟你們**一起**的時候你們常常聽從我；現在**我不在**你們那裡，你們**更應該**聽從我。要戰戰兢兢，不斷努力來完成你們自己的得救。（腓立比書 2:12）

不要把這句話視為保羅寫給腓立比的信徒，而是上帝直接與我們的對話。著重於「常常聽從」這幾個詞；它表示無條件。無論你是否感受到祂的臨在，無論你是否看到祂為你所做的事，無論你的禱告是否在你預期的時間內得到答覆。

在聚會場合，當人們彼此友善，上帝的臨在強烈時，遵從上帝很容易。但當一位你信任的團隊成員說了關於你不實的話而讓你被解雇時，你會按照神的話語寬恕對方，還是報復以圖平衡？如果你正在出差，感到孤獨，然後想起配偶一直對你的挑三揀四；此時一位外貌出眾的異性團隊成員讚美你、關心你的需求，然後誘惑地提出一起在酒店房間共度一晚，沒有人會知道，你會逃開還是接受？如果你晚上加班，為了工作需要在網路上搜尋資料，突然跳出色情內容，怎麼辦？你會打開嗎？

這些都是上帝的臨在似乎缺席的情況。如果你在祂的話語面前戰兢，無論任何情況你都會順從，因為沒有比這更重要的事情。這表明你行走在聖潔的敬畏中，因為「敬畏上主免受禍患」（箴言 16:6）。

詩篇作者寫道：

> 敬畏上主的人多麼有福啊！喜歡遵行上主誡命的人多麼有福啊！（詩篇 112:1）

敬畏上帝的男人或女人不僅遵從，而且非常喜悅這樣做。順從不是負擔，而是一種喜悅。

這樣的人有一個基本的理解，即上帝是我們的創造者，因此祂知道什麼對我們有益、什麼對我們有害。

我記得當我們的四個兒子還很小時，聖誕節基本上是一個工作日。大多數有小孩子的父親都能理解我要說的，一旦打開所有的禮物，就會有需要組裝的。我是典型的父親，我會打開盒子，把零件倒在地板上，將盒子和說明書丟在一邊，然後開始組裝。根據禮物的不同，通常一個小時左右就會完成，但令我驚訝的是，地板上仍會有十幾個零件；而打開「開關」，卻什麼動靜也沒有。這時該怎麼辦？我會把說明書抓過來，根據製造商的說明書重新組裝；結果，就行了！

敬畏上帝的人總是遵從。這樣的人在其核心信仰中堅持以下基本真理：

1. 上帝知道什麼對我是正確的。
2. 上帝是純粹的愛，而我是祂愛的焦點。
3. 上帝永遠不會命令我做有害的事情。無論祂說什麼，最終都會是最好的。
4. 因此，無論祂說什麼，我都樂意選擇遵從。

以色列的子民經常抱怨。他們對領導方式和生活中所發生的事情感到不滿。他們將自己的不安、欠缺以及任何不令人滿意的事情都歸咎於上帝。他們缺乏聖潔的敬畏，也不會對祂的話語戰兢。神說話了：

上主在各方面賜福給你們，你們卻不**心甘情願**地事奉他。因此，你們得服事上主要派來攻打你們的敵人。（申命記／申命紀 28:47-48）

戰兢於神的話語涉及到存在我們內在核心的喜悅和快樂，如果沒有，顯露出這種喜樂不足的情況，只是時間早晚的問題。我永遠不會忘記那時候，當我發現了阻止以色列實現其命定的五種罪惡：貪愛邪惡的事、拜偶像、犯淫亂、試探基督，以及口出怨言（哥林多前書 10:6-10）。當我讀到「口出怨言」時，我幾乎彈向了天花板！我大叫：「什麼？抱怨！抱怨怎麼會和其他這些重罪列在一起呢？」

我聽到聖靈說：「孩子，在我眼中，抱怨是一種嚴重的罪。」祂向我顯示，抱怨是在抗議：「上帝，我不喜歡你在我的生命中所做的事情，如果我是你，我會以不同的方式做。」然後祂說：「這是對我性格的冒犯，是對我旨意的反抗，總的來說，是聖潔敬畏的嚴重不足。」

我把這個告訴麗莎，我們一致同意懲罰我們孩子的抱怨行為，因為那是反叛。我認真對待這一點，避免任何形式的抱怨和牢騷，確保從未發出一句抱怨的話。然而，在進行了四天的禁食後，我聽到聖靈低聲說：「孩子，我聽到了你內心的抱怨。」

我立刻跪下，懺悔。上帝後來向我顯示，我並未全心全意地事奉主，內心缺乏喜悅，我的仇敵占了上風。讓我們再次看看保羅的話：

親愛的朋友們，我跟你們一起的時候你們常常聽從我；現在我不在你們那裡，你們更應該聽從我。要戰戰兢兢，不斷努力來完成你們自己的得救；因為上帝常常在你們心裡工作，使你們既願意又能夠實行**他**美善的旨意。你們無論做什麼事都**不要埋怨**或爭論（腓立比書 2:12-14）

就在這次四天的禁食之後，我發現了這段經文所陳述的深刻內涵。這讓我認識到，抱怨是聖潔敬畏的對立面；它不是戰兢於神的話語。當我們從不滿的態度中思考或說話時，我們是在不尊重上帝和祂的話語。

那些敬畏上帝的人堅定地意識到，沒有什麼比順從更重要或更有益。無論代價如何，他們都遵從，不會通過文化或現今社會趨勢的濾鏡看神的話語。他們也不會根據其他信徒的行為來決定對神話語的順從；他們就是遵從。

屬於你的內化練習

經文： 如果你們服從我，就能吃地上美好的產物。（以賽亞書 1:19）

要點： 聖潔敬畏的證據就是順從，這包括正確的態度和無論情況如何都堅定的行動。

默想： 我只在條件有利時才順從嗎？當事情不如我所願時，我是否傾向抱怨？我如何在任何時候保持喜樂和感恩的態度？我如何堅定自己的決心來順從？

禱告： 親愛的天父，請原諒我沒有戰兢於祢的話語。我的順從是有條件的，我的態度不是喜樂和感恩的。我悔改並求祢的寬恕。我擁抱聖潔敬畏。請教導並賦予我在任何時候都能以喜樂的態度順從。我奉耶穌的名祈禱，阿們。

宣告： 我敬畏上帝，因此祂在我裡面工作，使我甘心行祂的美意。

23

立刻行動

寧願在主的話語面前戰戰兢兢，
在無限威嚴的神的愛前屈膝，
勝過自己聲嘶力竭的呼喊。
——查爾斯．司布真（C. H. Spurgeon）

敬畏上帝的一個主要特點是對祂的話語無條件的順從，這將為我們的生活帶來驚人的好處。戰兢於上帝的話語有五個不同方面，接下來的五天我們將逐一檢視。以下是第一個方面：

1. 立刻順服上帝

對於那些敬畏上帝的人來說，順服是至關重要的。他們不會將個人利益置於完成上帝吩咐他們要做的事之前。聖潔的敬畏在我們的心中灌輸：對上帝重要的也是我的優先事項。我們可以查看許多經文，但為了確立這是優先事項，我們看一下來自耶穌的兩句話：

> 因此，你在祭壇前要獻供物給上帝的時候，要是想起有弟兄對你不滿，你就該把供物留在祭壇前，**立刻**去跟他和解，然後再回來把供物獻給上帝。（馬太福音 5:23-24）

注意這裡的「立刻」。就像〈以賽亞書〉66章一樣，耶穌再次強調，我們不應該在忽略祂已經告訴我們應做的事的情況下，開始「為上帝做些事情」。耶穌談到了心有怨恨的特定情況，但這一般原則適用於所有情況。回想一下，前幾章說過，有個人向我分享了他不斷犯淫亂的重複模式，然而他對未被回應的禱告感到困惑，並想知道為什麼他的事業沒有如他所希望的那樣成功。讓我們停下來仔細思考這個問題。如果他沒有優先遵從上帝的話語來避免淫亂，他如何期待上帝的優先事項會是祝福他的事業呢？

以色列的首席祭司以利有兩個兒子，他們也是在他領導下的祭司，但這兩個兒子卻是邪惡的，他們犯姦淫、強取祭品，以利拖延了對他兒子邪惡行為的適當處理。主對他忽視的回應是：「你為什麼看重你兒子過於看重我？」（撒母耳記上 2:29）當我們對於因任何人或目的而拖延或忽視遵從上帝時，我們看重那個人或目的勝過看重上帝，這是缺乏聖潔敬畏。上帝接著說：

> 我一定看重那些尊敬我的人，輕蔑那些藐視我的人。（撒母耳記上 2:30）

這些話是令人警醒的。當我們拖延或忽視遵從神的話語時，我們就藐視神。我們本質上在傳達：祂不是我們的優先事項。上帝說，祂將輕蔑那些藐視祂的人。輕蔑（*despise*）這個詞不是最好的翻譯，它是希伯來詞 *qālal*，定義為「輕視，視為微不足道」，微不足道意味著價值或重要性小。這句話的一種解釋方式是，上帝認為我們對祂的話語漫不經心，而我們認為重要的事情對祂而言微不足道。沒有一個頭腦清醒的人會希望出現這種情況。

如果這位商人尊重上帝關於性純潔的話語，也許上帝會認為他的事業是重要的。但似乎，這對他來說只是一個微不足道的事情。

另一個說明立刻順服重要性的經文是耶穌對以弗所教會的話：

> 你要悔改，恢復當初愛心的行為。如果你不悔改，我要來，把你的燈臺從原處拿走。（啟示錄 2:5）

悔改意味著改變你的思維方式，並因此採取行動，以符合上帝的話語。如果這個教會拖延了順從，他們將錯失持續受祝福的機會；耶穌會迅速來到並除去他們的影響力。這又是一個令人警醒的想法。

在路加福音中，有一個故事說明了由於時間和優先順序而錯過的機會。耶穌說：「有人大開宴會，邀請了許多客人。入席的時候，他差派僕人去向被請的客人說：『請來吧，一切都準備好了！』」（路加福音 14:16-17）毫無疑問，這是主的話：筵席已準備好了！時機至關重要。

看看被邀請的人的回應：「他們開始一個一個地推辭。」（第18節）他們提出了看似合理的理由，無法參加筵席。一個人買了地，一個人需要照顧他的事業，另一個人的妻子需要他的關注。這些藉口並不包括姦淫、偷竊、謀殺或其他我們會歸類為罪惡的事情。然而，當不是罪的事情優先於主的話語時，它就成了罪。

僕人帶回了受邀者的回覆，我們讀到：「主人非常惱怒。」（第21節）不是不高興，而是惱怒。為什麼？因為他的邀請被輕視了；它不是優先事項。

主人做了什麼？他邀請了原本沒有被邀請的其他人。耶穌的結論是：「那些先前所邀請的人絕不能享受我的筵席。」（第24節）他們錯過了機會。他們的藉口似乎無害，但重要的是要記住，即使無害的事物也可能使我們偏離神的旨意。當我們心中缺乏對主的敬畏時，這很容易發生。

聖經中還記錄了許多由於拖延順從而錯過的機會——事實上，太多了無法一一列舉——但我選擇了另一個引人入勝的例子。在路加福音9章，耶穌邀請了兩個不同的人「來跟從我！」。這是多麼美好的邀請——全能創造的主邀請你與祂同行！第一個人同意了，但有一個條件：「主

啊，請讓我先回去埋葬我的父親。」（第59節）

這個人同意跟隨耶穌，但他拖延了，把個人利益放在首位。學者告訴我們，在那個時代，當長子埋葬他的父親時，他會獲得雙份的遺產，而其他兒子只能獲得單份。然而，如果他不履行他的責任，就會由次子繼承。他的藉口似乎是合理的，而且拖延並不屬於罪的範疇。然而，他被拋下了。不幸地，他錯失了一個機會。

另一個人得到了同樣的邀請，他回應說：「主啊，我要跟從你，但是請讓我先回去向家人告別。」（第61節）再次，我們聽到了「先」這個詞；而且，他拖延的原因也不會被視為罪。然而，他錯過了與造天地的主親近的機會。

在接下來的章節中，我們讀到：「這事以後，主又設立七十個人，差遣他們兩個兩個地在他前面，往自己所要到的各城各地方去。」（路加福音10:1）這兩個人可能被包括在這七十位中，但由於他們沒有敬畏神而延遲了順從，所以他們很可能錯過了這個機會。

在我多年來事奉上帝子民的經驗中，當我聽到一位信徒漫不經心地說：「上帝在這件事情上已經和我打交道了幾個月了」，這仍然讓我感到驚訝（以一種錯誤的方式）。他們微笑，有時甚至會嘲笑，好像這是一件可愛的事情。如果他們意識到他們正在吹噓他們缺乏聖潔敬畏，我認為他們不會如此輕視。

如果摩西拖延了他忙碌的照料羊群工作，去看燃燒的荊棘叢的壯觀場面呢（出埃及記3章）？

如果挪亞拖延了建造方舟呢？

如果亞伯拉罕拖延了前往迦南呢？他的父親是第一個被呼召前往迦南的人。他的父親在拖延中錯過的，亞伯拉罕完成了（創世記 11:31）。

如果尼希米拖延了完成城牆，以滿足參巴拉和迦珊的兩位領袖的請求，停止工作並前來見面呢？但尼希米敬畏神。他的回答是：「我正在進行很重要的工作，不能到那裡去。我不願意因去看你們而使工作停頓。」（尼希米記／厄斯德拉下 6:3）

這些例子是無窮無盡的。而底線是：當我們戰兢於祂的話語時，我們會立刻順服上帝。

屬於你的內化練習

經文：我遵行你的誡命，毫不遲疑。（詩篇 119:60）

要點：如果我們因個人藉口而拖延對上帝話語的順服，我們就傳達了祂的旨意在重要性上是次要的。

默想：看似無害的事情可能會使我們偏離履行上帝的旨意。當非罪的事情優先於主的話語時，它就成了罪。我是否允許自己被個人利益分散注意力，因此延遲了我的順服？如何改變這種情況？

禱告：親愛的天父，請原諒我對待祢的話語時，有時把它當作非必要的，或者沒有把它當作最重要的事情。我意識到，這樣做意味著我不經意地傳達了對祢重要的事，對我來說是微不足道的。我懺悔並求祢的寬恕。我會將祢的心願放在最高優先等級。我奉耶穌的名祈禱，阿們。

宣告：一旦我知道神的旨意，我將立刻順服。

24

這沒有道理

Week 4 —— Day 3

我們不是被召喚按照人類的理智生活，
重要的是順服上帝的話語和祂在我們生命中的引導。
當我們在祂的旨意中，
我們就處於世界上最安全的地方。

——雲弟兄（Brother Yun）

在過去，聖靈是否曾引導你去做一些毫無道理的事情？大多數與上帝有著長時間密切交往的人會回答「是的」。但讓我再問一個問題：在你順服之後，這是否變得合理了？有時馬上，有時是好一段時間之後才發覺？答案幾乎總是肯定的（我說「幾乎總是」，因為極少數的情況，是直到我們在審判台前，事情可能都還不會變得合理）。

我們繼續探討「對神的話語戰兢」是什麼意思，一個真正存有聖潔敬畏的人將會：

1. 立刻順服上帝。

2. **即使沒有道理，也要順服上帝。**

上帝要求我們做一些以我們理解沒有道理的事情並不是常有的事情，但確實發生過。讓我們來問一下。

對一個盲人吐口水，然後把泥巴塗在他的眼睛上，再告訴他去洗掉，有道理嗎？當時不合理，但這個建議（智慧）給了一個盲人視力。

在婚禮中需要更多的葡萄酒，將水倒入酒容器的行為，是否合理？不，當時並不合理，但這個建議（智慧）卻讓婚禮出現了最好的葡萄酒。

要求有經驗的水手違背他們的直覺和訓練，不要放棄一艘下沉中的船，而不去用一旁的救生艇，這是否合理？不，當時並不合理，但這個建議（智慧）卻救了船上兩百七十六名男子；沒有一個人喪生（使徒行傳 27:27-36）。

要一個人離開一個由他發起的全城復興大會，這是神用他來發起的，然後遵從命令前往沙漠，這是否合理？不，當時並不合理，但這個建議（智慧）為埃塞俄比亞的第三位指揮官的得救鋪平了道路。

繞著一個高聳、堅固的城牆悄悄地行走六天，然後在第七天再重複七次，最後吹號角並大聲呼喊，這是否合理？不，當時並不合理，但這個建議（智慧）讓敵人的城牆崩塌。

將麵粉放入一鍋有毒的湯中，然後告訴所有的大臣把它吃掉，這是否合理？不，當時並不合理，但這個建議（智慧）讓每個人都得到了一頓營養豐盛的飯菜，沒有人生病。

原諒那些傷害過你、你的家人或你親近的人，是否合理？他們不應該付出代價嗎？

愛那些討厭你的人，是否合理？難道不應該對他們冷眼相待嗎？

善待那些虐待你的人，是否合理？難道不應該報復他們嗎？

尊重那些行事邪惡的當權者，是否合理？我們難道不應該抱怨和反抗嗎？

尊重那些不尊重你的人，是否合理？他們難道不應該受到責難嗎？

我可以繼續講下去，甚至到整本書，分享聖經中那些看似不合理的命令，但根據結果，每一個都被證明是上帝的智慧。參與其中的人要麼戰兢於上帝的指示，順服並受到祝福；要麼由於疏忽或不順從而缺乏敬虔的敬畏，並承受苦果。我希望你能更清楚地看到敬畏耶和華是智慧的開端（詩篇 111:10）。我們被告知：

> 要專心信賴上主，不可倚靠自己的聰明。無論做什麼事，都要以上主的旨意為依歸，他就會指示你走正路。（箴言 3:5-6）

主的智慧遠遠超出我們自己的；因此，我們不應依賴自己的理解。當我們受指示去做一些不合邏輯的事情時，很容易被誘導偏離，而順服最終將使我們受益。敬畏神的人，即使事情沒有道理，也會順服。

幾年前，我曾與一位數十億身價的富豪見面。他分享了他早年在市場上的艱辛奮鬥，那時他讀了所有關於建立成功業務的暢銷書籍，並運用了他所獲取的智慧。然而，他仍然苦苦掙扎。一天，他坐在教堂裡聽牧師傳道時突然想到：「牧師被呼召傳講福音，並依賴聖靈來完成他的生命使命。我被呼召到市場，為什麼不依賴聖靈來完成我的使命呢？」

他決定每天早上起床都要向主尋求今天的指引。他保留了一本筆記本，寫下了他受影響要做的一切事情。他還特別強調，他整天總是留有一隻耳朵隨時聆聽聖靈的感召，甚至在業務會議中也是如此。

他分享了一些具體的事例。有一天，他受安排參加一個收購會議。那天早上，他感受到聖靈的指示，要做一個看似非常微不足道的事情。這毫無道理，但他堅決要遵循這個過程。

聖靈指示他反復進行某個特定的行為。他一直想起那位先知以利沙告訴國王用箭射地的故事。國王只射了三次，被先知責備，因為他沒有射更多（列王記下 13:14-19）。因此，這位男子重複執行了這個行為二十次。他後來告訴我說：「那天，我的公司在越南買下了二十家醫院。」

接著他分享了他如何在歐洲收購世界上最大的一家銀行。這個過程似乎比收購醫院更不尋常。我感到驚訝。簡單來說，這位商人選擇無論在禱告中給他什麼指示，不管合乎邏輯與否，都要順服神。結果是明顯的——他再也不掙扎！

當我們的一個兒子已經是青少年後期的時候，我要求他做一些對他來說毫無道理的事情，他堅決地反對我的指示，認為我的指令不合乎邏輯，但我堅持不懈。最終，他沮喪地說：「爸爸，我是千禧一代，我們在做一件事之前，需要了解『為什麼』！」

我對他說：「好的，我們來做一個交易。讓我先告訴你一個真實的故事。神告訴猶大的一位年輕先知前往伯特利，向以色列的國王預言，並且不要沿著同樣的路返回猶大，而且，在整個旅程中都不要吃任何東西。這位年輕先知沒有順服聖靈的指示，並承受了後果；在旅程結束之前，他被一頭獅子殺死了。」（列王記上 13:16, 23-26）我繼續說道：「兒子，這是我和你的交易。只要你哪天能告訴我『為什麼』這位年輕先知要遵循這些特定的指示，那天我就告訴你我指示的『為什麼』。」

直到今天，他還無法告訴我那位年輕先知背後的「為什麼」。事實上，這也讓我困惑。有時候，神會告訴我們要做一些在我們的腦海中似乎毫無道理的事情。但祂的智慧始終由結果來證實。這就是為什麼耶穌說：「上帝的智慧是從他智慧的果子彰顯出來的。」（馬太福音 11:19）

願我們都像彼得一樣，經過整夜的努力卻一無所獲，但聽從耶穌的聲音，再次駕船出海撒網到更深的水域。當他們已經筋疲力竭時，這個命令需要付出更多的努力。你不喜歡彼得的回應嗎？「我們整夜辛勞，什麼都沒有打著；但你既然這麼說，我就撒網吧」（路加福音 5:5）。結果是滿載了魚的兩艘船。

屬於你的內化練習

經文：愚昧人一意孤行；聽從明達人的，必得安全。（箴言 28:26）

要點：上帝的智慧遠超出我們，因此，我們不應依賴自己的理解。這容易使我們偏離有益的順從。敬畏上帝的人，即使在事情看似沒有道理的情況下，仍然順從。

默想：我是否難以相信上帝的智慧？過去，我是否曾對祂的指導心存疑慮，而依賴我認為合乎邏輯的方式？那次經驗的結果如何？如果我尋求上帝的方向並信任祂，會發生什麼情況？我能承諾堅持這個過程嗎？

禱告：親愛的天父，請原諒我過去依賴自己的智慧勝過依賴祢的智慧。我祈求信心，在閱讀祢的話語、禱告以及聆聽那些敬畏祢的人的神聖勸告的時候，能接受祢的智慧。請賜給我力量，即使事情看似不合理，我仍能相信並順從。奉耶穌的名禱告，阿們。

宣告：我選擇順從上帝的智慧，而不是依賴自己的智慧，也不是聽從那些信任人類能力超過上帝的聲音。

25

看起來沒有好處

人的職責是去愛和敬畏上帝，
即使沒有回報的希望或懲罰的恐懼。
——邁蒙尼德（Maimonides）

你可能聽過父母抱怨，他們唯一聽到上大學子女的消息，是當他們需要錢的時候。這種典型的情況下，在那通罕見的通話中，孩子可能聽起來對與父母交談感興趣，但底層的動機是需要資源或好處。聖潔的敬畏使我們免於對我們的天父這樣做，並引入我們在對神的話語戰兢的下一個層面。讓我們回顧一下，並添加最新指標。我們應該——

1. 立刻順服上帝。

2. 即使沒有道理，也要順服上帝。

3. **即使看不到個人好處，也要順服上帝。**

在四十多年的事工中，我觀察到一個令人悲哀的現實，特別是在西方教會中。太多時候，為了讓信徒對服從感興趣，必須強調好處。想一想，我們會提前三十分鐘來爭取前排座位聽一個有關聖潔的信息嗎？那些強調服從的書名是否上暢銷書排行榜？領導是否已經偏離了有衝突性的真理，以順應這一趨勢？換句話說，是否有很多牧師屈服於滿足聽眾喜好的壓力，而不是呼召神的子民去否定自己以跟隨耶穌？

為什麼這種趨勢令人感到如此悲傷？當我們迴避上帝的智慧時，實際上是在傷害自己。上帝的命令、建議和智慧最終會帶來最大的祝福，無論是在今生還是來世。我們被告知，遵循上帝話語的人將「獲益無窮」（詩篇 19:11）。你永遠無法超越上帝，這些好處遠遠超過你能為祂所做的任何事情。

另一方面，受到激勵而行事是危險的。為什麼呢？如果好處不明顯，我們是否會有同樣的決心來遵守上帝的指示？最有可能的情況是，它將被個人利益所淹沒。這就是為什麼敬畏上帝如此重要的原因，它激勵我們遵從，無論獎賞是否明顯。

在波斯大帝國的巔峰時期，這個強大的王國征服了所有其他國家，他們的領袖，波斯國王亞哈隨魯（薛西斯），是地球上最強大的人，他娶了一位名叫以斯帖（艾斯德爾）的猶太女子。

國王底下最高級別的官員是一個名叫哈曼的人，他被以斯帖的表親末底改（摩爾德開）大為冒犯，而末底改也是國王的官員。在他的憤怒中，哈曼決定不僅懲罰末底改，還要消滅整個猶太人種族。他及其他大多數人都不知道以斯帖是猶太人。哈曼繼續惡毒地誹謗猶太人，建議在一天之內滅絕整個種族。他的陰謀成功了。國王同意了，發布了該法令，並用他的印章加以封印。

末底改得知該法令的消息後，派人送信給他的表妹以斯帖皇后，他請她去見國王，為猶太人的生命求情。以斯帖回答說：「全國上下，無論是王的顧問或是各省的人民都知道。只有一個例外：如果王向那沒有蒙召的人伸出金杖，那人就可以免死。可是，已經有一個月王沒有召見我了。」（以斯帖記／艾斯德爾傳 4:11）即使以斯帖是亞哈隨魯的妻子，如果她未經邀請進入王的正殿，一樣可能會被處死。

讓我們仔細思考一下：她是皇后，她擁有美好的生活，事實上，任何她想得到的事情都可以實現。她個人不會因為為了神的子民冒著進入正殿的風險而得到什麼好處，但她有可能失去一切，包括她的頭顱。然而，注意她對末底改的回應：

> 你去召集書珊城所有的猶太人，叫他們為我禁食禱告，三天三夜不吃不喝；我和我的宮女也要照樣做。然後，我就去見王；雖然這是違法的，我還是要去。要是我這樣做不免一死，我也情願。（以斯帖記 4:15-16）

神聖的敬畏激勵她把神的國度置於自己的福祉之前，她的舒適、安全、財富和地位都因她的服從而受到威脅。對她來說，這並沒有什麼好處，但對神最重要的事情，對她來說也是最重要的，毫無例外。她因神的話而戰兢，她敬畏神。

二〇一五年，我和麗莎在亞美尼亞的葉里溫，參加一個針對三千五百名領袖的會議。牧師們從東歐和中東各地飛來，許多人從伊朗開車前來（葉里溫距離伊朗邊界只有三十英里）。當時，伊朗公民被允許進入亞美尼亞，所以地下教會的許多領袖都出席了。會議極其榮耀。

最後一次會議結束後，我和麗莎決定散步到葉里溫的主要街道上呼吸新鮮空氣。兩名二十幾歲的年輕女士從一家餐廳跑出來迎接我們。原來她們是來自伊朗的兩名領袖，她們非常美麗且充滿活力；事實上，有一刻我在想：我可以把這兩位女孩介紹給我的三個單身兒子中的哪兩位呢？

我和她們聊了大約二十分鐘，我們得知宗教警察正在追蹤她們；在會議期間，伊朗當局曾打電話詢問她們的下落。其中一位年輕女士分享了她手機上一則令人擔憂的訊息。在那時，我說出了我在四十年事工中所做的最愚蠢的評論之一，我對她說：「你為什麼要回去？為什麼不叛逃呢？」她真誠、友善且堅定地看著我回答道：「如果我們不回去，誰會告訴波斯人有關耶穌的事呢？」

她的回答讓我感到驚嘆不已。我們見證了這些女士放下保護自我的本能，因為本能被她們對主的王國在其國家進展的熱情所覆蓋。她們像以斯帖一樣走在聖潔的敬畏中。即使在沒有明顯個人利益的情況下，她們也順從上帝，甚至很可能將自己的生命置於危險之中。我既得到了糾正，又受到了啟發。

這種堅定，正如這些年輕女士所展現的那樣，並不僅僅限於單一的順從行為。它是一種被培養和實踐的心態，即使在看似微不足道的決策中，我們也選擇遵循上帝的話語和聖靈的引導。我們可能有繁忙的日程，但突然收到提示要打電話給某人。沒有理由，沒有明顯的好處，但我們並不受這些因素的影響。我們打了電話，而且通常後來才明白「為什麼」。

或者我們得知有人誹謗了我們。原諒、尋求和解和祝福這個人，並沒有明顯的好處，但我們選擇這樣做，純粹是出於對「彼此饒恕，正如上帝在基督裏饒恕了你們一樣」和「為咒詛你們的人祝福」（以弗所書 4:32；路加福音 6:28）的命令的順從。

也許我們曾被某人惡意對待，而那個人憎恨我們。遵循耶穌的話語「要愛你們的仇敵，並且為迫害你們的人禱告」（馬太福音 5:44）有什麼明顯的好處呢？又或者想一下：在受迫害的國家中，信徒如何看待祝福那些迫害他們、折磨他們，甚至因信仰而置親人於死地的人？然而，我和麗莎曾與發生這種情況的國家的牧師坐在一起，見證了他們豐盛的喜樂和生命。

為其他國家的人熱切祈禱有什麼好處呢？或者給予那些永遠無法報答你的其他國家的人有什麼好處呢？這個清單是無窮盡的。問題是，你是否會回應心中燃燒的聖潔敬畏，堅定不移地遵循上帝的命令，還是會等到看到個人好處才行動？

屬於你的內化練習

經文：因為那想救自己生命的，反要喪失生命；那為著我喪失生命的，反要得到生命。（馬太福音 16:25）

要點：我們最常錯過那些看似對自己無益的上帝智慧，但在長遠來看，我們會傷害自己。我們永遠無法超越上帝。

默想：耶穌在說「救自己生命」的時候是什麼意思？我是否只將這段經文看作是極端情況下的，比如殉道？我是否將它應用於我做出的小小的日常決策？如果我這樣做會發生什麼？這會改變我的生活方式嗎？

禱告：親愛的天父，請原諒我限制了我對我認為對我有益的智慧的渴望和順從。我為這種心態懺悔，並求祢的寬恕。從現在開始，我不再固執於自己的生命，而是為了耶穌的緣故放下它。因此，我將渴望並渴求祢的智慧，即使這沒有任何立即的好處。奉耶穌之名祈禱，阿們。

宣告：我選擇，每時每刻，將我的生命投入對我主耶穌的渴望與智慧。

26

美好的痛苦

沒有順服，就不可能有救恩，
因為沒有順服的救恩是自相矛盾的不可能。
——陶恕（A.W. Tozer）

一個女人分娩產子，並不是一個愉快的經歷；它是困難的，甚至痛苦的。然而，最終的結果是一名期望已久的家庭新成員。如果沒有懷孕和分娩的不適，這個美麗的新生命就無法誕生。這提供了對上帝話語戰兢的下一個面向介紹。前三個指標及最新的指標是：

1. 立刻順服上帝。
2. 即使沒有道理，也要順服上帝。

3. 即使看不到個人好處，也要順服上帝。

4. **即使痛苦，也要順服上帝。**

回到我們的基礎經文之一〈腓立比書 2:12-13〉中，我們被提醒要在敬畏和戰兢中去實現我們的救恩。在呼籲我們順服的這些話語之前，保羅指出，耶穌以身作則。我們的主放棄了祂的神聖特權，「他自甘卑微，順服至死，且死在十字架上」（腓立比書 2:8）。耶穌甘心順從父親的要求，儘管這將需要承受巨大的苦難。

被釘十字架的前一晚，在客西馬尼園裡，耶穌痛苦地呼喊：「我的父親哪，若是可以，求你不要讓我喝這苦杯！可是，不要照我的意思，只要照你的旨意。」（馬太福音 26:39）順從和自保之間的衝突如此激烈，以至於耶穌流出了大量的血滴。請記住，祂「在各方面經歷過試探，只是他沒有犯罪」（希伯來書 4:15）。祂預見了前方可怕的痛苦，並懇求另一種實現父親旨意的途徑，但這是不可能的。是什麼驅使了這種程度的順從？

> 耶穌在世的時候，曾經向那位能救他脫離死亡的上帝大聲禱告，流淚祈求。因為他謙虛**虔誠**，上帝聽了他的祈求。（希伯來書 5:7）

祂深刻的聖潔敬畏使祂有能力面對和忍受人類通常會迴避的事情。同樣的，我們被告知：

既然基督在肉體上受苦，你們也應該用同樣的意志**裝備自己**，因為在肉體上受過苦的人已經跟罪惡絕緣。（彼得前書 4:1）

在繼續之前，請允許我插入一個重要的觀點。虛假的宗教會為了取悅所事奉的神而尋求痛苦。真正的基督教尋求順從上帝，在這個過程中面對了墮落世界的反抗，通常導致了痛苦。順從是令上帝悅納的，而不是主動尋求苦難。痛苦可以在生理或心理上發生；無論哪一種疼痛都是非常真實的。

彼得指示我們要裝備自己。你能想像一支軍隊在沒有飛機、船隻、坦克、槍支、子彈、刀具的情況下上戰場嗎？光想像就顯得很荒謬。同樣地，對一個信徒來說，未做好應對苦難的準備同樣荒謬；但很多人都未作準備。一個未武裝的信徒很容易為了自保而避免困難。敬畏主就是我們的裝備，它深刻堅定我們的意志，無論可能帶來什麼樣的痛苦，都要順從上帝。

我有很多關於受苦的故事可以分享，足以填滿一本整書。其中一個故事與一九九〇年代初期的一次事工之行有關。我、我的妻子麗莎和孩子們在一個偏遠的小鎮進行事工，那是一個少有人煙之處，為一個剛剛失去牧師的教會事奉；牧師離開了小鎮，以便去一個更大的教會。

最初的幾次聚會並不順利，很多教會成員對此不感興趣，年輕人坐在後排笑鬧。然而，到了第三次聚會，出現了一個突破，帶來深刻的影響；甚至年輕人現在也提前來爭搶前排的座位。參加人數增加了，聚會延續了幾個星期。我們每天晚上在一個擁擠的小教堂建築中聚會，救贖了一些人，幾乎每個人都被振奮了起來。

經過很多禱告，我們提議表示願意留下，幾個月都可以，好讓這個教會為找一位新的牧師做好準備。然而，教會委員會對於他們計算好的生活方式和對事情運行方式的掌控感到不滿。令人震驚的是，他們之中有人抱怨年輕人占據前排座位。還有其他抱怨，但不值得列舉。總之，他們最終投票決定不接受我們的提議，讓我們離開。

在他們投票的同一天晚上，我宣布教會的最後一次聚會將在隔天晚上舉行。大多數人都發出失望的哭喊聲；這是一個激烈、令人不安和不舒服的時刻。

第二天，教會接到一位不滿的男子的電話，他的妻子一直參加聚會，他威脅要在我們最後一次聚會時炸毀教堂。我對此笑了，直到一位警察打電話給我談到這個問題。

我難以置信地反駁說：「肯定不會發生這種事。」

警察回答說：「先生，我認識這個人。他是一個高級運毒嫌疑犯，如果他喝了一些酒，我覺得他不會不敢做。」

我擔心地問：「你不能提供我們一些保護嗎？」

我幾乎不敢相信他的回答：「我的警局離這個小鎮最近，但也有三十五英里遠。我今晚下班是在晚上六點，而且沒有其他人能過來，因為我們人手不足。」

我掛上電話時感到難以置信，但更加擔心，腦海中立刻湧現出馬上打包行李離開這個小鎮的念頭。我們當時住在一位教會成員的加寬拖車屋裡，停在一片田野中，非常容易遭受襲擊。我們感到不安全和被拒絕，為什麼還要去參加那晚的聚會呢？教會委員會拒絕了我們，我們應該馬上離開這個小鎮！

我知道我的想法是自私的；在短短幾週的事工期間，有許多人領受了影響，如果我們因為受威脅而過早放棄，他們將再次感受到領袖的拒絕。我知道如果我們逃跑，將建立一種妥協的模式，可能會影響我們的餘生。我不禁想起耶穌的話：「雇工（只為工資而服事的人）……一看見豺狼來，就撇下羊逃跑。」（約翰福音10:12）

我們禱告了幾個小時，我一遍又一遍地在心中聽到聖經上所說的，那些在神面前常住的人是那些「不惜因履行諾言吃虧」（詩篇15:4）。最後，我們心中平靜下來，感覺是安全的。那晚我們舉辦了一個很棒的聚會，沒有炸彈被引爆，我們得以適當地向教會告別。

我們生活在一個墮落的世界中，這個世界與神的道路相反，甚至對神的道路具有敵意。這就是為什麼我們被告知：「你們得到特權來事奉基督，不只是信他，也要為他受苦。」（腓立比書1:29）不僅保羅，彼得也寫道：

> 上帝呼召你們的目的就在這裡；因為基督為你們受苦，給你們留下榜樣，為要使你們能夠跟隨他的腳步走。他沒有犯過罪，也沒有人聽過他撒謊。他受辱罵不還口，受虐待也不說恐嚇的話，只仰望公義的審判者。（彼得前書2:21-23）

我們不應報復；相反地，我們應將我們受到的不公待遇交託給上帝。我們不該忽視它，而是在禱告中將它交給祂。上帝會為我們伸冤，但是以祂的方式和時間安排。

國度中的英雄們通過他們的信仰經歷了巨大的勝利，但在順從上帝的過程中，一些人受到戲弄、捆鎖、折磨、虐待、監禁、漂泊在曠野裡、生活在洞穴中，以及許多其他不舒服或痛苦的環境中。為什麼？因為他們生活在一個對上帝國度敵對的墮落世界中（希伯來書 11:36-39）。他們都有一個共同點：出於對上帝的聖潔敬畏，他們拒絕放棄順從，即使會帶來痛苦。但他們對這個應許充滿信心：「含淚撒種的人都歡呼收割……要抱著禾捆歡樂地回來。」（詩篇 126:5-6）

屬於你的內化練習

經文：敬畏上主就有倚靠；他的家人安全穩妥。（箴言 14:26）

要點：對主的敬畏使我們堅定不移地遵守神的命令，即使在逆境面前也是如此。

默想：為了自保，我是否曾忽略遵守神的話語？我是否願意悔改並擁抱對主的敬畏？我是否會選擇愛和遵循，即使這可能在財務、社交甚至肉體上付出代價？

禱告：親愛的主，請原諒我經常為了保護自己而迴避遵守祢的話語的模式。我明白我的選擇不明智，祢的保護是無誤且永久的；而我的保護只是暫時的。從現在起，我選擇敬畏主；願它賜給我深刻的決心，不論代價如何都要遵循你。感謝祢賜給我這種力量，奉耶穌的名，阿們。

宣告：我被聖潔的敬畏武裝起來，即使這意味著在過程中我會受苦，我也會遵守神的命令。我將我的靈魂交託給那位公平審判的主。

27

直至完成

要修平你腳下的路，堅定你一切的道。

——箴言4章26節

開始這一章前，讓我問一個問題：是否可能在不完成計畫的情況下，充分發揮它的潛力？答案顯而易見地是否定的。我們的主正在進行一個龐大的計畫，重點是建立一個王國。祂賦予我們每個人子計畫的責任，當這些子計畫完成時，將完成祂的工作，成就榮耀國度。

當我們過渡到戰兢於神的話語的最後一個部分時，請記住這個真理，這裡再次列出前四個，以及最後一個：

1. 立刻順服上帝。
2. 即使沒有道理，也要順服上帝。
3. 即使看不到個人好處，也要順服上帝。
4. 即使痛苦，也要順服上帝。
5. **順服上帝直至完成。**

以色列的第一位國王掃羅是一個不戰兢於神的話語的經典例子。當事情沒有道理，好處不明顯，或者不符合他的目的時，他很容易偏離對主的順服。他欠缺的聖潔敬畏，經常對別人造成痛苦或傷害，所有這些行為都是如此。

不過並非總是這樣。在加冕為王之前，他是一個謙卑而敬畏神的年輕人，這兩種美德是相輔相成的。當著名的先知撒母耳找到他時，他立刻說：「你為什麼要注意我呢？我來自以色列最小的支派，而我的家族在我們支派中最微不足道。」（撒母耳記上 9:21，作者的意譯）後來，全以色列人都聚集在一起，要找出他們的第一位國王的身分。經過漫長的過程，神的選擇落在掃羅身上，但當領袖們呼喚他時，他卻不在，他躲在一個偏僻的地方。他不想被人認出來（撒母耳記上 10:20-24）。

聖潔的敬畏最終不會成為他的寶藏。與所羅門一樣，他在經歷成功、名聲和領導的好處後，最終放棄了它。就像包括掃羅王的大多數人一樣，失去聖潔敬畏的最初跡象是隱約、不易察覺的。它始於忽視小事上的信念，導致我們的良心變得越來越麻木。最終，當面臨更重大的事情時，我們對自己已經形成的不順從模式毫不自知。

掃羅王也是如此。失去聖潔的敬畏的跡象開始浮現（撒母耳記上 13:5-14），但令人困惑的是，與此同時他正在經歷巨大的成功（撒母耳記上 14:47）。

過了一段時間，神命令王「要去攻打亞瑪力人，毀滅他們所有的一切，不要留下一樣東西；要殺盡他們的男人、女人、兒童、嬰兒、牛群、羊群、駱駝，和驢」（撒母耳記上 15:3）。主準備為這個國家的邪惡行為報仇。

掃羅動員了二十一萬名士兵。他和他的手下殺死了每一個人類和家畜，除了亞瑪力的國王亞甲和最優良的家畜（撒母耳記上 15:7-9）。

讓我們仔細檢視。為了讓掃羅派遣這麼大規模的軍隊，亞瑪力應該至少有二十五萬居民，所以基本上，他們屠殺了二十四萬九千九百九十九人。國王完成了他所被吩咐做的 99.99%，但請注意神對他幾乎完全順服的回應：

> 我後悔立掃羅作王；他已經離棄我，**違背了**我的命令。（撒母耳記上 15:11）

撒母耳向國王傳達了這條信息，直截了當地稱他的行為為背叛（撒母耳記上 15:23）。毫無疑問，掃羅犯了罪。讓我們稍作停頓，討論一下罪。使徒約翰說犯罪就是違背律法（約翰一書

3:4）。他對罪的定義可以這樣陳述：**罪是對神的權威不順服**。從這個角度來看：在伊甸園，亞當並沒有與妓女上床、搶銀行或謀殺人。他只是不服從神的話語。同樣地，掃羅選擇不完全順從神的指示。

讓我們更深入地探討。當掃羅被要求參加戰鬥時，他沒有生氣地說：「絕對不行！我不會這樣做的！」大多數人會將這種行為歸為背叛。他也沒有忽視命令，忙於處理其他個人事務。如果是這樣的話，大多數人會得出結論：「他在判斷上犯了錯，因為沒有將順從視為優先事項。」但很少有人會使用「背叛」這個詞。

同樣，大多數人會肯定他完成了 99.99% 的任務，但很少有人會將他的行為歸類為背叛。如果我們處於掃羅的位置，並受到了這種責備，我們中有多少人會抗議：「好了吧，理智一點！為什麼你如此關注我沒有做的少部分，而不承認我所完成的一切？」考慮到這點，可以得出這樣的結論：**幾乎完全的順從根本不是順從**。

讓我們探討為什麼使用了如此強烈的措辭。首先，在那個時代，如果你是一個征服了另一個國家的國王，將他們的國王活捉，等於是在你的宮殿裡擁有一個活生生的獎杯。這不僅是為你的自尊心，還不斷提醒所有進入宮殿的人，你領導的偉大。

其次，為什麼要保留最好的動物？在回答之前，讓我們更進一步地深入討論。掃羅允許最優秀的家畜被保留，以贈送給上主。注意他對先知的抗辯：「這是我的軍隊從亞瑪力人那裡擄來的。他們留下最好的牛羊，為要當牲祭獻給上主——你的上帝。其餘的，我們都滅盡了。」（撒母耳記上 15:15）他為什麼要這樣做呢？這可能是為了贏得他人民的歡心嗎？這是一個承認主神的國家。想想士兵、祭司和人民的角度，他們很可能有以下的話語：「我們有一位如此虔誠的國王；他總是把主放在第一位；他把最好的獻給了神。」人們不知道最初的命令是毀滅一切。從本質上講，掃羅是在維護他的名聲。他行動背後的動機是懼怕人。掃羅沒有安全感。

在今日的世界，許多人對那些缺乏安全感的人都有同情心。然而，沒有安全感的背後原因是我們渴望被接受、被愛或被尊重，甚至不惜違反命令。我們沒有意識到我們被造物主完全地接受和愛的程度。沒有安全感需要被揭示出真實的面目：一個危險的陷阱。

掃羅由於缺乏聖潔的敬畏而未能完成這個命令。讓我們回到耶穌的例子。他面臨著拒絕、恥辱、憎恨、激烈的反對、肉體的痛擊和可怕的釘十字架。當聖殿護衛前來逮捕他時，他的門徒試圖阻止並保護耶穌；然而，他的回答是：

> 難道你不知道我可以向我父親求援，而他會立刻調來十二營多的天使嗎？如果我這樣做，聖經上所說、事情必須這樣發生的那些話又怎能實現呢？（馬太福音 26:53-54）

對耶穌來說，完成順服是至高無上的。

在高中時，我還不是個信徒，但在我們更衣室裡有一幅海報引起了我的注意，我每天下午籃球練習後都會看到它。上面有一位運動員低著頭坐著，上面寫著：「我放棄。」在這個圖片下方，有一張耶穌被釘十字架的圖片，上面寫著：「我沒有放棄。」

這在我還不是信徒時，留下了不可磨滅的印象。現在我明白，耶穌本可避免可怕的對待和殘酷的死亡，但他選擇繼續順服，直到最後能夠說：「成了」，這更有分量了。他為我們樹立了一個完全順從的榜樣——完成神所託付給我們的一切。

現在，我們可以更好地理解當門徒呼求要增加他們的信心時，他對他們的指示：

> 當你們做完上帝吩咐你們做的**一切事**，要說：「我們原是無用的僕人；我們不過盡了本分而已。」（路加福音 17:10）

他的話語中的「一切事」現在具有全新的含義。讓我們始終遵從，直至完成。

屬於你的內化練習

經文：我們要注視耶穌，因為他是我們信心的創始者和完成者。他不在十字架前退縮；相反地，為了那等待著他的喜樂，他不把死在十字架上的羞辱當作一回事。現在他已經坐在上帝寶座的右邊。想一想他的經歷。他怎樣忍受罪人的憎恨！所以你們不要灰心喪志。（希伯來書 12:2-3）

要點：幾乎完全的順從根本不是真正的順從。耶穌為我們樹立了一個榜樣，要我們完全順從，堅持到完成，無論神託付給我們什麼。

默想：我是否開始順從神的話語，然後允許分心、享樂、阻力、他人的反對或其他任何逆境使我停下來、沒有完成？這可以如何改變？

禱告：親愛的天父，請原諒我開始順從祢吩咐我做的事情，但未完成，無論是因為忽視它還是因為不認為它有益於自己。我為缺乏聖潔的敬畏而悔改，求祢的寬恕。我奉耶穌的名祈禱，阿們。

宣告：我選擇完全順從神的話語，直至完成。

28

如何讓良心無感

當人們不再敬畏上帝，他們會毫不猶豫地違背祂的法律。一旦對上帝的敬畏不存在，對後果的畏懼再也無威懾力量。

——陶恕（A.W. Tozer）

正如前一章所述，失去對神的聖潔敬畏的最初跡象是隱約的——如此隱約，以至於我們需要更加集中精力並詳細闡述這一重要觀點。你是否曾經在面臨一個有爭議的機會時感到直覺上的警告？大多數人都明白這是我們的*良心*在保護我們，但許多人沒有意識到我們良心的清明度和強度是可以改變的。

我們的良心是神的恩賜，不應輕視。它是我們*心靈*一個不可或缺的部分；它的敏感性會因聖潔的敬畏而增強，反之則因缺乏而變得遲鈍。我們受到警告：「所思所想要謹慎，因為生命是

由思想定型的。」（箴言 4:23）

當我三十多歲時，一位著名的牧師請我吃午餐。在我們用餐的過程中，他問道：「約翰，我該如何避免沉淪，像許多其他領袖一樣？」我差一點被食物噎住。為什麼他要向我提出這樣的問題？我還年輕，而他在事奉的時間比我信主的時間還長。但我沒有避而不談，而是望向內心，默默問自己：*聖靈，我應該給他什麼答案？*

幾乎是立刻，我聽到了一個聲音：*告訴他要把他的良心看作最寶貴的財富。*我說出了我聽到的話，然後突然間，有一些話從我的靈魂湧出，大致是這樣的：「你將會被提供很多機會，但內心你會知道它不正當、可疑、違反了誠實，或者可能傷害其他人。聽從你的良心，不要忽視它的警告。如果你忽視它，你將喪失對神的敏銳度。」

在接下來的幾天，我發現「良心」一詞在聖經中經常出現，這是我之前沒有意識到的事情。光在新約中就出現了大約三十次。保羅寫信給提摩太：

> 常存信心和無愧的良心。有些人丟棄良心，在信仰上觸了礁。（提摩太前書 1:19）

崩壞的信仰不是小事。

與那位資深牧師共進的午餐使我認識到保羅陳述的重要性。這確認了為什麼很多人最終晚節不保。

聖經告誡我們要「維持」清白的良心，這意味著起初它是良好的狀態。耶穌的血液洗淨和淨化了我們的良心（提摩太前書 3:9 ；希伯來書 9:9, 14）。這是新生命的一個巨大好處。先知耶利米對我們的良心發表了一個經常被誤用的言論。他宣稱：「人心比萬物都詭詐，壞到極處，誰能識透呢？」（耶利米書 17:9）他不是在談論那些已經重生，具有新性情，按照耶穌形象重造的人。舊約時代的人民沒有新的心靈。但上帝應許他們：「我要賜給你們新的心、新的靈。」（以西結書 36:26）這將在耶穌贖回我們的本性並把自己賜給我們的時候實現。

由於在基督裡成為全新的人的奇蹟，我們擁有了一個值得信賴的良心。而挑戰在於保持它的純潔。現在我們必須問，我們怎麼玷污它的？完全的敗壞並不是一瞬間發生的，通常它始於微小的事情，如果不加以處理，最終，就會以崩壞告終。雅各寫道：

> 你們不要欺騙自己，以為只要聽道就夠了；相反地，你們必須**行道**。（雅各書 1:22）

我們再次面對順從的概念。我們已經深入討論了聖潔的敬畏是立即且完全順服的證據，即使不合理，好處不明顯，或者會痛苦。按照這種方式行事的人無法欺騙自己。讓我們停下來確保不會錯過教導。我們當然可以欺騙他人，甚至親近的朋友和家人，但欺騙自己是另一回事。本質上，當我們違反命令時，我們欺騙了自己，我們削弱了真理的保護，我們的道德導航受到損害。我們對自己所處的危險局面越來越沒有自覺。

讓我們舉個假設性例子來說明這個過程。你是否曾說過對某人的誹謗之詞？在你這樣做的瞬間，也許感覺就像有把刀子刺入你的胃中；那是你良心的聲音。希望你聽從了，悔改了，並立刻糾正了你所說的話。然而，往往發生的情況是，我們為自己的行為辯護。隨後的理由可能聽起來像這樣：我所說的是正確的！可悲的是，我們錯誤的論點占了上風，我們堅持我們的說法，而忽略了內在的警示。我們現在已經開始了玷污的過程，我們的良心敏感度降低了。

下一次我們再對某人發表不利言論時，不會感到刀子刺入胃中；現在我們感到內心部分有一陣強烈的刺痛，我們的良心再次發聲，但這次的聲音不太容易辨認。現在內心的衝突不再那麼強烈，更容易忽略警告並為自己的言論辯護。於是，我們又進一步污染了我們的內心，我們的良心敏感度又再降低。

當我們再次對某人發表不利言論時，我們不再感到強烈的刺痛；現在只是一陣微微的刺痛，幾乎不容易察覺。因為我們良心的聲音如此輕柔，幾乎不需要用理由說服自己，更容易為自己的行為辯護。我們的良心敏感度再度降低。

最後，我們不再感受到任何東西，良心已經完全麻木。我們已然到了失明的地步，失去了所有的分辨能力。現在我們沒有任何道德領航，我們的信仰即將遭受難以挽回的崩壞。本質上，我們欺騙了自己——我們自欺欺人。

所有這一切都可以通過簡單的悔改來避免——完全改變思想和心靈。當我們承認自己的智慧是無用的，並堅定地擁抱上帝的智慧時，我們就會實現悔改。如〈箴言 28:13〉所說：「掩飾自己罪過的，不能有幸福的人生；承認過失而悔改的，上帝要向他施仁慈。」

憐憫和復原可以在過程的任何階段發生，但聖潔畏懼的缺乏會拖延我們的回應。我們心存僥倖，因為我們的心變得越來越遲鈍，對良心的譴責不再敏感。智者總是迅速回應他們良心的警告而悔改；他們知道拖延是危險的。

無論是聖經中還是我們這個時代，都有許多人遲遲不聽從自己的良心，這好比玩俄羅斯輪盤。你可能逃脫了失敗，但你如何知道何時已經超出了感覺？沒有聲音警告說：「如果你再次忽視我，我將被消音。」保羅哀嘆說：

聖靈明明說了，在末後的時期，有些人會放棄信仰，去順從欺騙的靈和鬼魔的道理。這一套道理是從騙子的伎倆來的；他們的**良心像是給熱鐵烙死**了。（提摩太前書 4:1-2）

被熱鐵烙過的人皮將失去所有感覺，良心也是如此。現在，我們投射的自己與我們實際的樣子相反，我們的內在已經不再懊悔，完全失去了譴責能力。這就是亞拿尼亞、撒非喇、掃羅王和許多其他人所經歷的。

燒灼的另一個後果是它將事物封閉了。如果你用火燒灼肉，它會保持汁液不流失。保羅寫道：「我不撒謊。我的良心在聖靈的光照下也證實我沒有撒謊。」（羅馬書 9:1）如果一個信徒已經燒灼了他們的良心，那麼他們就無法再與聖靈交流。他的見證無法觸及我們的靈魂，就像汁液無法從肉中流出一樣。他們現在缺乏生命的導航系統。他們的道路是毀滅之路。

總結來說，聽聽保羅的一些陳述：「同胞們，我生平行事為人，在上帝面前良心清白，直到今天。」（使徒行傳 23:1）再次：「我常常勉勵自己，在上帝和人面前，常保持著清白的良心。」（使徒行傳 24:16）總之，讓我們謹慎守護我們的心靈。

屬於你的內化練習

經文：那麼，我們應該用誠實的心和堅定的信心，用已經蒙潔淨、無虧的良心，和清水洗過的身體，來親近上帝。（希伯來書 10:22）

要點：我們良心的清明和強度是可以改變的，其敏感度受到聖潔敬畏的加強，反之則因缺乏而變得遲鈍。

默想：我們的良心因耶穌基督的寶血而變得純潔。我可以建立哪些屬靈的紀律，以保持潔淨的良心？

禱告：親愛的天父，我為我忽視和違背良心的時刻祈求原諒。我為沒有謹慎守護它懺悔。我悔改並求祢的寬恕。請用耶穌的寶血潔淨我，使我內在的良心恢復純潔、敏感，能聽從祢的聲音和引導。願我在一切事上迅速順服祢。奉耶穌的名，阿們。

宣告：我將謹慎守衛我的心靈，敏於聆聽良心的聲音和引導。

第五週

Week 5

與上帝的親密關係

Intimacy With God

29

親密關係的起點

不管情況多麼困難，我寧願付出代價親自聆聽上帝的聲音，也不願將就總是只從別人口中間接聽到接受祂的二手消息。

——喬伊・道森（Joy Dawson）

當我們對神的榮耀有更深的認識時，聖潔的敬畏也在我們心中逐漸增長，它淨化我們的動機，使我們擺脫對人的恐懼，並在我們的生活中產生真正的聖潔。聖潔敬畏的表現是對上帝立刻和完全的順服，無論我們是否看到理由或好處，或者有多痛苦。

有了這個認識，我們現在可以將討論轉向這個獨特禮物的好處，在這一部分我們將重點專注在無疑是所有好處中最大的好處：與神的親密關係。

「親密」（*intimate*）一詞源於兩個拉丁詞：*intus*，意為「內部」；和 *intimus*，意為「非常祕密」[1]。經由結合這兩者，我們得到「最內部的祕密」。這很好地描述了親密的概念，這是用來描述兩個好朋友之間的情感連繫，遠遠超出了簡單的點頭之交。點頭之交是你只見過並稍微了解但不太熟悉的人。

親密是雙向的，雙方都需要了解彼此最內心的渴望和思想。關於與神的親密關係，我們從神以及我們的角度來看，首先是神的角度。大衛寫道：

> 上主啊，你**洞察**我，你**認識**我。（詩篇 139:1）

洞察（*examined*）在希伯來文是 *ḥāqar*，定義為「探索、搜索、尋找」。這完美地描述了進入與某人親密關係之所需。時間和努力，這些不是負擔，而是令人愉快的，投入於探索對方內心深處的思想和方式上。

我在與麗莎的婚姻中享受過這種經歷。當我們剛結婚時，我不太了解她的渴望、滿足、喜愛、討厭，甚至是她鄙視的事物。這需要隨著時間的推移而慢慢搜索，我非常喜歡這個了解她

1. “Intimate Definition and Meaning: Collins English Dictionary,” Intimate definition and meaning | Collins English Dictionary (HarperCollins Publishers Ltd), accessed November 15, 2022, https://www.collinsdictionary.com/us/dictionary/english/intimate; “*intimus*”–WordSense Online Dictionary (15th November 2022) URL: https://www.wordsense.eu/intimus/

內在思維和方式的過程。簡而言之，若要與配偶建立親密關係，需要專注的心理、情感和身體力行。

上述經文中的下一個有意思的詞是「認識」（*know*），它是希伯來文的 *yāda*。在舊約中，它最常用於傳達親密關係。在〈創世記 4:1〉中，我們讀到：「亞當跟他妻子夏娃同房（原文為 knew〔*yāda*〕），她懷孕。」聖靈使用 *yāda* 來識別兩個人在此生中能夠達到的最親密的程度。本質上，大衛在說：「主啊，你認識我認識得非常透澈。」

大衛使用了 *hāqar* 和 *yāda* 兩個詞語，以生動的形象描述了上帝搜索和尋找那些祂渴望親近的人的內心慾望和方式。同樣的，在觀察麗莎和我的關係時，多年來我對她的了解多了許多。我不僅了解了上面提到她的內心慾望，還了解了她的日常習慣、在特定情況下她會如何反應、她喜歡怎麼度過休閒時間、她熱衷於從事什麼等等。同樣的方式，大衛闡述了：

> 我的一舉一動你都知道；從遙遠地方你也曉得我的心思。我工作或休息，你都看見；你知道我的所作所為。我沒有開口，你已經知道我要說什麼。（詩篇 139:2-4）

上帝深刻了解我們的私密細節，超出我們所能理解的範疇。通過「*hāqar*」，上帝努力去探索、搜索和尋找大衛，祂也對我們每個人做同樣的事情——類似，但程度遠遠高於我過去四十年在麗莎身上所做的。事實上，就在幾節經文後，我們看到一個驚人的陳述，即上帝對我們每個人的心思超過了海沙的數量（第18節）。如果我在過去四十年中每十二秒思考一次麗莎的喜好、習慣、渴望和好惡，並將每個想法連結到一粒沙子上，那將只有不到一個鞋盒的沙子！上帝對我們每個人的思想超過了地球上沙子的數量，而祂永遠不會誇大，因為那會是謊言，而上帝不可能撒謊。這真是令人難以置信！你開始理解祂對了解我們一切的熱情了嗎？

祂深切渴望與我們每個人親近。然而，請允許我重申，真正的親密關係是來自雙方彼此深入的了解，而不僅僅是單方面。正如祂搜索我們的內心思想一樣，我們也應該充滿熱情地追求真正的親密關係。摩西通過呼喊來追求這種層次的關係，

> 「你說過你**了解**（*yāda*）我，也喜歡我。那麼，求你把你的計畫指示我，使我能事奉你，繼續在你眼前蒙恩。」（出埃及記 33:12-13）

上帝不只是把我們視為人群中的一個號碼，祂個別地、個人地、按名字認識我們。在上述經文中，我們看到摩西希望得到回應；他充滿熱情地渴望更深入了解上帝。他希望建立一種親密的關係——不僅上帝深刻認識他，摩西也深刻認識上帝。那麼對我們來說呢？我們被告知：「你們親近上帝，上帝就親近你們」（雅各書 4:8）。

根據我們剛才討論的內容，我想你現在聽到了一種呼召——不，是一種呼喊——來自上帝的心。隨著每一刻的過去，它變得更加強烈。「為什麼你還保持距離，當你可以與我親近？」事

實是，我們被告知，我們是決定我們與上帝親密程度的人，簡而言之：是你來決定要與上帝多親近，而不是上帝決定！那麼敬畏上帝如何在其中發揮作用呢？我們被告知：

> 敬畏耶和華是知識的開端。（箴言 1:7）

關於什麼的知識呢？作者是在指涉醫學、科學、歷史或其他學術知識嗎？許多大學充滿了這些知識，但他們對上帝幾乎沒有敬畏。它是否指的是社會或政治知識？不是的，世界的道路在上帝看來是愚昧的。它是否是關於聖經的知識？一點也不是，因為法利賽人在經文方面是專家，但他們不敬畏上帝，而且令祂非常不悅。我們的答案可以在以下這些話中找到：

> 這樣，你就會領悟什麼是敬畏上主，明白什麼是認識上帝。（箴言 2:5）

《聖經語言詞典》（*Dictionary of Biblical Languages*）將「知識」（*knowledge*）定義為「關於一個人的資訊，具有與該人關係的強烈含義」。《聖經詳注詞典》（*Vine's Complete Expository Dictionary*）告訴我們，這個詞意味著「對祂（上帝）有一種親密的實際經驗性知識」。簡單地說，這所承諾的是：敬畏耶和華是親密認識上帝的開始。

事實上，除非我們敬畏上帝，否則我們根本連認識祂都還沒有開始——這是起點。如果你在起點之外開始任何事情，會無法完成它。如果我在百米短跑比賽中離起跑區五十米開始衝刺，那麼我無法參加或完成比賽。在我們與上帝的關係中也是一樣的——如果沒有聖潔的敬畏，就不可能親密地認識祂。幸運的是，祂給了我們一條貼近認識祂的道路，但我們會走這條路嗎？

記住，藉著敬畏耶和華，我們會遠離邪惡或無法無天。帶著這樣的知識，細想一下：耶穌預言將有一大群人在審判的日子感到震驚。這些男人和女人稱耶穌為他們的主，但將會聽到耶穌說：「我從不認識你們；你們這些作惡的，走開吧！」（馬太福音 7:23）這裡的「認識」是 *ginōskō*，是希臘語中 *yāda* 的對應詞。耶穌對那些缺乏聖潔敬畏的人說：「我從未親密地認識過你們。」這提出了一個巨大的問題，我們將在下一章節中討論。

屬於你的內化練習

經文：你對我說：到我這裡來。上主啊，我正要尋找你。（詩篇 27:8）

要點：真正的親密關係是由雙方彼此深入了解而產生的，而不僅僅是其中一方。

默想：想一想你最喜歡的人，你有多了解他們的想法或感受，即使不發一語？你能多清楚預測他們對不同情況的反應？你是偶然發現這一點的，還是花了時間去探究或思考你親近的朋友？知道嗎，上帝想到你的次數如恆河沙數。這告訴你什麼？如果你探求並思考上帝的心意和方式，比你最親近的朋友還多，會發生什麼？

禱告：親愛的主，我意識到我忽略了我所收到的最重要的邀請——與你親密相處。我允許很多事情阻礙了我花時間發展這種親密感。我很高興選擇做出改變。當我打開我的聖經閱讀、禱告和思考時，願我能深入而親密地了解祢。我奉耶穌的名祈禱，阿們。

宣告：選擇深入了解耶穌，就像祂選擇深入了解我一樣。

Week 5 —— Day 2

30

不一樣的耶穌

有些道路看來正直，卻是導向死亡之途。

——箴言16章25節

通常，為了更好地理解一個問題，看看它的對立面會有幫助。因此，在進一步討論與上帝的親密關係之前，讓我們先來談談其相反面，以下故事可以作為例證。

我剛抵達夏威夷，要在一個領導力會議上發表演說。我的酒店房間還沒準備好，所以在游泳池旁的遮陽傘下找了個地方放鬆。碰巧一位參加另一場會議的女士也在等她的房間，我們就聊了起來，她一發現我是基督教作家和牧師，就開始詳細講述她與耶穌的關係。不用幾分鐘，我就意識到她並不了解耶穌。她自信地陳述她的信仰，但幾乎都無法與聖經所指示的相對應。

我默默地向聖靈祈求智慧，不一會兒，祂就啟示了我要說的話。

她講完後，我問：「你看到游泳池對面坐著的那位男士了嗎？」她臉上露出驚訝的表情（很可能是因為我突然改變話題），她回答說：「怎麼？看到了。」我高興地說：「他叫吉姆，來自加利福尼亞州的弗雷斯諾。他遵循嚴格的純素飲食。他的夢想是成為美國奧運水球隊的一員，每天在游泳池和健身房鍛鍊三個小時。他的愛好是壁球、跳傘和繪畫。吉姆已經結婚了，就在熱水浴缸旁邊的那位女士；她叫貝絲，比吉姆小十歲。」

現在，她對我對吉姆了解這麼多感到好奇，她問道：「他是和你一起參加會議的嗎？」我迅速回答：「不是，女士。」

她變得更加好奇。「那你怎麼這麼了解吉姆呢？」然後，我轉過身來，看著她的眼睛說：「我從未見過他。」她的表情變了，現在表現出謹慎，甚至可能有擔憂。也許她想知道我是否是跟蹤狂、私家偵探，甚至是政府特工？

我讓她默想了一會兒，然後自信地說：「這就是我對他的信仰。」

她一時無語。

我繼續說：「你剛才非常自信地表達了你對耶穌的信仰，但你所說關於祂的一切，幾乎都不是真的；它們與聖經教導的相反。我知道這一點，因為我認識祂。」我們的對話在她的選擇下結束，但她顯然受到了震撼。

使徒保羅對他深愛的教會做出了驚人的聲明：「隨便什麼人來傳另一個耶穌，不是我們所傳的那一位，你們竟然都容忍。」（哥林多後書 11:4）他沒有認定不同的神，而是不同的耶穌。顯然，他們信仰耶穌，但實際上不認識祂。為什麼？他們相信任何投他們所好的東西，因此與真正的耶穌疏遠。這並不難做到；主是看不見的，所以你可以改變祂的天性以適應你的喜好。

以色列的兒女做了類似的事情。從埃及出來就是一種從世界中得救的象徵。我們讀到：「喝了一樣的靈泉。這泉是從跟他們同行的屬靈磐石上湧流出來的；那磐石就是基督。但是，他們當中，大多數人不為上帝所喜悅。」（哥林多前書 10:4-5）有很多原因使神不喜悅，但歸根究柢主要為一點：他們不順服神的話語——他們缺乏聖潔的敬畏。

當摩西在山上度過四十天時，以色列的在地領袖亞倫建造了一個金牛犢。我們看到這個情況並大聲喊出「偶像崇拜！」這是正確的；然而，許多人不明白的是，亞倫和所有人都稱這隻小牛為 *elōhiym*。在舊約聖經中，這個詞出現了兩千六百零六次。它可以指假神，但十次中有九次指的是耶和華——唯一真神。例如，在〈創世記〉第一章中就出現了三十二次。聖經的第一節說：「太初，上帝（*elōhiym*）創造天地。」

我們可以輕鬆確認他們是把這隻小牛稱為 *elōhiym*——全能的神，還是 *elōhiym*——假神。證據可以在亞倫將這隻小牛稱為 *Yahweh*（出埃及記 32:5）中找到。這是我們唯一真神的神聖名字，除了這裡以外，在聖經中從未被用作假神的名字。亞倫和百姓並沒有把這隻小牛稱為奧西里斯、巴力、伊西斯或任何其他假神的名字。他們宣稱：「這是 *Yahweh*，他把我們從埃及救出來了。」（出埃及記 32:4，作者的詮釋）

他們怎麼會如此錯誤呢？為什麼他們不像摩西一樣、認識真正的永生神呢？他們見證了神的奇蹟，他們跟隨了神的雲和火柱。答案並不複雜；幾個月前，當神最初降臨山上來介紹自己時，他們後退，向摩西大聲呼喊：「求你近前去，聽耶和華——我們上帝所要說的一切話，將他對你說的話都傳給我們，我們就聽從遵行。」（申命記 5:27）

我只能想像摩西的極度失望。他無法理解他們如此缺乏對與神同在的渴望。這怎麼可能呢？摩西把這個擔憂帶到上帝面前，希望能找到答案，但幾乎可以肯定上帝的回應讓摩西感到驚訝：「我已經聽見這些人所說的話。他們說得對。」（申命記 5:28）

摩西目瞪口呆。他很可能想，等等！他們是對的？終於這次這些人真的是對的！我想像他對上帝的回應可能是這樣的：「為什麼他們不能進入祢的面前，像我一樣親密地認識你呢？」上帝回答了，但答案令人心碎：

「我多麼希望他們常存這樣的心，始終**敬畏我**。」（申命記 5:29）

上帝痛惜，如果他們能走在聖潔敬畏的道路上，就能進入祂的面前，體驗親密的關係。這同時將使他們有能力遵循，對他們和他們的子女也都會有好處。然後，上帝給了摩西這個指令：

「你要告訴他們，叫他們回自己的帳棚去。但是你要留在我這裡；我要把一切法律誡命都付

託你。」（申命記 5:30-31）

這既令人心碎又令人振奮。首先是心碎。以色列最黑暗的時刻不是當他們建造了金牛犢，也不是當他們發表了一個邪惡的報告，使他們無法進入應許之地。不，這才是他們最黑暗的時刻。上帝將他們從埃及（世界）帶出來，目的是為了把他們帶到自己面前，使他們能像祂認識他們一樣認識祂——親密地。然而，由於他們缺乏聖潔的敬畏，他們錯過了這個機會。太悲慘了！

另一方面，對於摩西來說，這是令人振奮的，因為他受邀站在上帝附近，直接從上帝口中聽取祂的話語。他受邀進入與上帝的親密關係，而百姓則返回他們的帳篷。

游泳池邊的女士宣稱認識了一位不一樣的耶穌，哥林多人事奉了一位不一樣的耶穌，以色列則跟隨了一位不一樣的全能神。我們是否看到了一個模式？我們有可能根據耶穌的名字創造一位神，卻不認識站在上帝右邊的真正耶穌。更令人不安的是，以色列和哥林多教會曾在他們的祈禱中見證了主彰顯的能力和奇蹟。

現在，讓我們回到那些在審判中的一大群人身上。他們宣稱耶穌是他們的主，但不幸地，耶穌對他們說了與上帝對以色列所說的相同話語：「走開吧！」我們應該更仔細地研究耶穌對這些人實際將要發生事情的預言，將有助於我們更好地理解聖潔敬畏對於與我們的主和主人親密關係的重要性。我們將在下一節中繼續。

屬於你的內化練習

經文：如果你們持守這福音，不是空空洞洞地相信，一定會因著它而得救。（哥林多前書 15:2）

要點：有可能全心全意相信的某人或某事，都不是真實的。

默想：我怎麼確定我相信的是真正的耶穌，而不是仿冒品？我可以因為我的領袖教導而知道嗎？但請考慮，亞倫不也教導和領導以色列嗎？我可以因為我讀聖經而確定嗎？但請考慮，法利賽人不也是這麼做的嗎？我怎麼能確定？

禱告：父啊，以耶穌之名，我要求不僅了解真理，還要愛真理。我選擇擁抱祢活生生的話語作為最終的權威，並無論我是否理解它都要服從它。透過這樣做，我有祢的應許，我不會被欺騙。當我閱讀並遵守祢的話語時，願它也讀懂我；願它向我揭示我是誰，以及我的主耶穌是誰。我奉耶穌的名祈禱，阿們。

宣告：我選擇相信神的話語，無論我是否理解它。

31

我不認識你

我隨時要接納背叛我的子民，他們卻頑固妄為，一意孤行。
——以賽亞書65章2節

Week 5 —— Day 3

如果我們繼續關注與上帝親密相關的對立面，我們將能更好地理解和欣賞它。我們在上一節以及這一節的主題，是不容易接收的。然而，我們討論的聖經中的警告，實際上是我們深愛的父親賜予的愛和保護的禮物。耶穌所說的話將植入聖潔的敬畏，使我們始終保持接近生命的賜予者。

聖經清楚地警告，在末日會傳揚一種被廣為接受的福音，它將提供一種缺少主的、偽造的救贖。簡單來說，它提供了一種與耶穌的關係，當中不需要無條件地遵守祂的話語。這是聖潔敬畏的對立面，同時產生了一位虛構的耶穌，這與保羅指責哥林多眾人所擁抱的耶穌沒有什麼不同。在保羅責備這些希臘的「信徒」跟隨了不同的耶穌之後，他接著談到他們產生的虛構救主的心靈狀態。他寫道：「而我難免會為著許多從前犯罪、淫亂、放蕩，到現在還沒有悔改的人悲傷哭泣。」（哥林多後書 12:21）他們宣稱主耶穌，但生活中卻違背祂的話語。

這在早期教會中是罕見的事件，但在我們現代的西方教會中卻普遍存在。這種教導的後果是將「主」簡化為僅僅是一個稱號，而不是祂在人們生活中所擁有的地位。耶穌預言：

> 「不是每一個稱呼我『主啊，主啊』的人都能進天國；只有實行我天父旨意的才能進去。」（馬太福音 7:21）

耶穌承認那些稱他為主的人——而不是那些崇敬穆罕默德、約瑟夫·史密斯（Joseph Smith）、佛陀、哈雷克里希納（Hare Krishna）、孔子或我們這個時代其他任何的假先知。請注意這節經文中「主」連續重複出現。再次強調，如果在聖經中某個詞語或短語被重複兩次，那不是偶然，那是作者在強調。然而，在這種情況下，這不僅僅是強調，還有強烈的情感。例如，當大衛王得知他的兒子被約押的軍隊處決的消息時，他的反應充滿了情感：「王蒙著頭，大聲哭著說：『噢，我兒！我兒！押沙龍我兒！』」（撒母耳記下／撒慕爾紀下 19:4）他不一定說了兩次「我兒」，但由於他極度悲傷而發出的情感呼喊如此強烈，以至於作者重複了他的話語。

同樣地，主用這種方式傳達這些人對他的強烈情感。他們不僅是接受教導，認同耶穌基督是神的兒子；他們在信仰上投入了情感，並充滿熱情。我們談論的是那些對成為「基督徒」很興奮的人，很可能也是那些在談論其信仰時會流露情感，甚至在崇拜中流淚的人。他們不僅對基督的事業深有感受，還參與了祂的事奉：

> 我現在可以看到——在最後審判中，成千上萬人走向我，說：「主啊，我們傳講了信息，我們擊退了魔鬼，我們超級靈性的表現讓每個人都在談論。」（馬太福音 7:22）[1]

這段經文我使用了《信息本聖經》（*The Message*）的版本，因為它清楚表達了這些人不是旁觀者。他們直接參與或支持他們教會的工作。他們也公開表達對福音的信仰——「我們傳講了信息。」事實上，他們實際參與了改善他人的生活。

這個釋義版本使用了「成千上萬」（*thousands*）這個詞，但幾乎所有其他翻譯都使用了「許多」（*many*）。這是希臘詞的「*polus*」，定義為「數量多、數量大」，通常這個詞使用在「大多數」的意義上。無論如何，耶穌指的不是一小群人，而是一大群相信福音教導的人。他們稱祂為主，將情感投入其中，為祂的信息發聲，並積極參與基督教事奉。我們很容易把他們認定為

1. 譯注：作者此處採用的《信息本聖經》與國內使用版本翻譯有部分差距，為配合上下文意一致，此部分採直譯。

真正的基督徒。那麼，區分因素是什麼呢？他們與真正的信徒有何不同？耶穌告訴我們：

> 那時候，我要公然地告訴他們：「我從不**認識**你們；你們這些**作惡的**，走開吧！」（馬太福音 7:23）

關鍵的陳述是「作惡」。再次我們看到，無法無天的行為、不遵守神話語的權威。這些男人和女人不是偶爾失足；相反地，當他們發現這對自己更有利時，他們就習慣性地忽視、忽略或違抗神的話語——他們缺乏聖潔的敬畏。

有趣的是，耶穌宣布：「我從不**認識**你們。」正如在前一章中所述，**認識**（*knew*）這個詞是希臘詞的 *ginōskō*，與希伯來詞 *yāda* 相同：親密地認識某人。他們從來沒有真正與祂建立親密的關係。即使他們稱祂為主和王，那只是一個稱號，因為他們沒有遵守祂的命令。約翰寫道：

> 如果我們遵守上帝的命令，我們就知道我們認識 *[ginōskō]* 他。若有人說「我認識 *[ginōskō]* 他」，卻不遵守他的命令，這樣的人是撒謊的，真理跟他沒有關係。（約翰一書 2:3-4）

這與耶穌在訓誨中的設定完全一致：「從他們的行為，你們能夠認出假先知來。」（馬太福音 7:20）這些行為不是指基督教事奉、傳播信息或參加教會，因為那些被拒絕的人都具備這些特質。

讓我這樣說，你確實會在一個真正的信徒身上找到這些特質；事實上，一個人如果沒有這些特質，就不能成為真正的信徒。然而，擁有這些特質並不意味著他們是真正的神的兒女。決定性的因素是：他們是否順從祂的話語？這個討論是耶穌在祂著名的山上寶訓中的最終主題。為了替祂驚人的話語下總結，祂說道：

所以，所有聽我這些話**而實行**的，就像一個聰明人把房子蓋在磐石上；縱使風吹，雨打，水沖，房子也不倒塌，因為它的基礎立在磐石上。

可是，那聽見我這些話**而不實行**的，就像一個愚蠢的人把房子蓋在沙土上，一遭受風吹，雨打，水沖，房子就倒塌了，而且倒塌得多麼慘重！（馬太福音 7:24-27）

如果你仔細檢視這兩個群體，一切都可歸結為一個簡單的區別。祂指出，這兩個群體都聽了祂的話，但第一個群體去實行了祂的話；第二個群體則沒有去實行祂的話。或者我們可以說，第一個群體對神的話戰兢（敬畏神），而第二個群體對神的話不感到戰兢（不敬畏神）。

耶穌明確指出這兩個群體在外表上非常相似。在缺乏基礎的群體中，他們對基督教教義的信仰，熱情地稱祂為主，積極參與基督教事奉，展現了他們如何建立他們的生活和他們的住家。有堅實基礎的群體具有相同的特質，唯一不同的是，他們遵守祂的話語，就像那是他們自己的意願一樣。兩座房子都由相同的材料，相同的教義建造。他們在崇拜和事奉方面看起來完全相同。區別在於基礎——看不見的地方。一個群體私下體驗到與神的親密關係；另一個群體則沒有。

與神的親密關係應許給那些行走在聖潔敬畏中的人。在接下來的幾章中，我們將看到這個宏大的殊榮，而你我都受邀參與其中。

屬於你的內化練習

經文：願你們……得到豐豐富富的恩典和平安！上帝的神能已經把我們過敬虔生活所需的一切給了我們……他把他所應許那最大和最寶貴的恩賜給了我們；藉著這恩賜，你們得以逃避世上那毀滅性的慾望，而分享上帝的神性。（彼得後書 1:2-4）

要點：人與耶穌有關係的證據是，他們被賦予了超越自己所能的能力來遵守祂的話語。這種賦能被識別為祂的恩典。

默想：我是在靠著自己的力量遵守耶穌的話語，還是在依靠祂的恩典、應許和神性來做到這一點呢？我如何更多地依賴祂的能力，而不是自己的能力？

禱告：父啊，請原諒我試圖靠自己的力量來遵守祢的話語。從現在起，我宣告耶穌是我生命中的至高主宰。祢的話語對我來說是最終的權威。我將完全依賴祢的賦能恩典和賜予的神性來走祢的道路。這是我們一起走的道路，是在親密的關係中一同走的道路。我對祢邀請我進入這美好生命感到充滿感恩。奉耶穌的名，阿們。

宣告：我將憑著對祂能力的信心而行。我不再依賴自己的能力，從現在起將與祂的加持一同合作。

32

主的祕密

我們從未因自己的思想而得到徹悟或感到驚訝；
然而當上帝說話，總是帶有一種驚奇和敬畏的成分。
——喬伊．道森（Joy Dawson）

先前的兩章很不容易、充滿挑戰性，也讓人警醒。知道許多人期待聽到耶穌說「進入主的喜樂」，卻反而聽到「走開吧」的話，這既令人心痛，也令人傷心。沒有什麼比認為自己與上帝有關係而實際上卻並非如此，更大的欺騙了。這些男男女女突然意識到自己愚蠢的「利用上帝」，而不是「與祂合一」。他們將上帝的話語用於自私的目的，而不是遵守祂的話語，從而感受其中的偉大愛意。耶穌充滿愛意地預先警告這可怕的情況，以保護我們免於陷入無情或被欺騙的狀態中。

現在，有了對親密關係對立面的理解，讓我們歡喜地開始討論與我們的造物主真正親近的美麗之處。我們將開始探討一個情境，這需要接下來的幾個章節才能完全研究清楚。

讓我提出一個問題來設定這個情境：是否可能成為國度的一員（不會聽到可怕的「走開吧」），卻仍然錯過與上帝親近的機會？快速的回答是肯定的。但讓我們在經文中探討這一點，首先分享其中一段我最喜愛的經文：

> 上主和敬畏他的人做朋友，向他們宣示自己的**約**。（詩篇 25:14）

經文中所說的「約」（英文為 *secret*，祕密之意），就是希伯來語的「祕密」（*sôd*），其定義為「謀劃、建議」。希臘詞典也指出，「機密性是這個詞的核心內容」。因此，實質上，詩人所說的不是一個祕密，而是上帝的祕密謀劃，或者為了我們的目的，我們可以簡單稱之為「祕密」。這段經文可以理解為：「上帝與敬畏祂的人分享祂的祕密。」

現在，問自己這個問題：你與誰分享你的祕密，是熟人還是親近的朋友？我相信你的答案是親近的朋友。上帝也不例外，祂與親密的、親近的朋友分享祂的祕密，而祂的親近的朋友是那些懷有聖潔敬畏之人。有些聖經版本中寫道：「主的友誼只給予敬畏祂的人。」

上帝不是每個人的朋友。讓我更具體地重述：上帝不是每一個在教會中的人的朋友。為了擴展這一觀點，讓我們從舊約開始。舊約中有兩個被識別為上帝的朋友：亞伯拉罕和摩西。還有其他人嗎？當然有，諸如挪亞、但以理、以斯帖、約瑟、大衛、約伯、以諾、以賽亞等等，都與上帝親近交往。然而，這兩位男子的生活示範了通向與主建立友誼關係的道路。

讓我們從亞伯拉罕開始。為什麼他被稱為上帝的朋友？當他七十五歲時，上帝應許實現他內心最大的願望，那就是一個兒子。然而，這並不是立即實現的，他又等待了二十五年，直到他的妻子莎拉奇蹟般地生下以撒。你能想像經歷這麼漫長的等待而終於實現這個願望時的深刻感激和無限甜蜜嗎？

我相信，隨著時間流逝，他們父子之間的關係變得更加牢固。他的巨額財富比起他從兒子身上得到的喜悅根本不值一提。對亞伯拉罕來說，沒有什麼比兒子更重要，甚至是自己的生命。

但有一天，毫無預警，上帝在祈禱中對亞伯拉罕說：「要帶你的兒子，就是你所疼愛的獨子以撒，到摩利亞去，在我將指示你的一座山上，把他當作燒化祭獻給我。」（創世記 22:2）

什麼？！殺死你生命中最重要的人，僅僅因為上帝命令，且沒有給出理由？是認真的嗎？你能想像亞伯拉罕聽到這些話時的震驚嗎？他永遠無法想像上帝會向他提出如此艱難的要求。上帝要求的不僅僅是他的生命，還要求他的心。這完全不合理。

讓我插入一個重要的點：我們知道這是一次考驗。實際上，經文明確地說：「過了些時候，上帝考驗亞伯拉罕。」（創世紀 22:1）但這就是閱讀已發生的歷史事件的缺點所在——我們已經知道結果；大多數信徒都聽過或讀過多次。但我們忘記了亞伯拉罕當時不知道這是一次考驗！我們從來不知道上帝何時在考驗我們，直到我們處於被考驗的一邊。也許在高中考試中作弊是可能的，但沒有人能在上帝給的考試中作弊。如果我們沒有完成謹守上帝話語中的功課，以使我們的心得以成聖，那麼無論我們多聰明，都很難通過考試！

如果亞伯拉罕的後代知道在曠野中上帝的考驗，他們會有不同的反應。亞伯拉罕擁有某種不同的東西，是他後代所缺乏的：聖潔的敬畏。

我喜歡亞伯拉罕對這上帝極其困難命令的回應：「第二天一早，亞伯拉罕……」（創世記22:3）他立刻行動了！他沒有多想幾天或幾個星期，他沒有召集朋友來徵詢他們的意見，他也沒有忽略或抵抗上帝的命令。他、以撒和兩個僕人次日清早起身，收拾行李，開始了他們的旅程。

也許在前一晚聽到上帝的聲音後，行動可能稍微容易一點；但是自此兩天半之後，亞伯拉罕再也沒有聽到來自天堂的消息。現在他站在山上，準備犧牲他最重要的人，只因為上帝的話，而且沒有提供任何理由？

亞伯拉罕繼續走向山腳下，讓僕人等候。他帶著以撒上山，建造祭壇，同時隱藏著他洶湧的情感和眼淚。他竭盡所有的意志力和精神力量，來完成犧牲所需的一切。關鍵時刻來臨了；上帝改變主意的希望似乎已經破滅。因此，他極度痛苦地綁住以撒，舉起刀，準備將它刺進兒子的心臟——所有這一切都是因為上帝的命令，沒有給出任何理由。

突然，一位上帝的天使出現並呼喊道：「不要下手，不可傷害孩子！現在我知道你敬畏上帝；因為你沒有把自己的兒子，就是你的獨子，留住不給他。」（創世記 22:12）

這位天使怎麼知道亞伯拉罕敬畏上帝呢？因為他立刻服從了，即使沒有道理，即使他看不到好處，即使痛苦，他做到了，而且做得完全。

然後，亞伯拉罕放下刀子，解開以撒，舉目看見一隻公羊被困在灌木叢中。他說出了這句話：「耶和華以勒。」（創世記 22:14，意思是「上主會看顧」）。剛才發生了什麼？在那一刻，上帝向亞伯拉罕展示了祂的性格中之前沒有人知道的一個面向。為什麼？因為他是上帝的朋友。

讓我澄清一下。所有閱讀這本書的人都知道我是作者約翰．畢維爾。一些在會議或教堂聽過我演講的人，知道我是公開演說家約翰．畢維爾。然而，有一位女士，她的名字叫麗莎，她知道我是丈夫約翰．畢維爾、父親約翰．畢維爾、祖父約翰．畢維爾、最好的朋友約翰．畢維爾、愛人約翰．畢維爾等等，我可以繼續列舉。很少有人知道我個性的這些面向，只有那些最親近我的人。而最後一點，只有麗莎知道。

亞伯拉罕那天成為了上帝更親近的朋友，在下一章，我們將探討這兩位朋友之間的非凡動力，以及我們如何也能擁有像那樣的關係。

屬於你的內化練習

經文：上主和敬畏他的人做朋友，向他們宣示自己的約。（詩篇 25:14）

要點：上帝與親近的朋友分享祂的秘密，而祂的親近朋友是那些懷有聖潔敬畏之人。

默想：什麼是朋友？朋友如何共享生活？是什麼使友誼更深入？我是否想成為上帝的朋友？我認為上帝在朋友中尋找什麼？我是否成為祂的好朋友？如果不是，應該做些什麼改變呢？在成為祂的朋友方面，我有什麼渴望？

禱告：親愛的主，我渴望成為祢親密的朋友之一。我知道這也是祢的願望。在思考什麼是親密朋友時，我意識到我對祢並不是一個忠實的朋友。請原諒我沒有將祢的願望置於一切之上，也沒有在我生活中和對祢的回應裡保護我們的關係。我求祢賜給我永恆成為祢的朋友的恩典。奉耶穌的名，阿們。

宣告：我將努力成為上帝的朋友，並選擇不讓其他事情成為更重要的優先事項。

33

內幕消息

Week 5 — Day 5

對上帝的敬畏照亮靈魂，消滅邪惡，冷卻激情，驅除靈魂中的黑暗、使其純淨。對上帝的敬畏是智慧的頂峰。如果沒有它，就沒有善。不敬畏上帝的人面臨邪惡的墜落。

——耶福列木（Ephrem The Syrian）

我們已經討論了上帝和亞伯拉罕之間的友誼是如何形成的。這是一個示範，顯示我們能如何與上帝建立類似的親密關係。但在我們討論這部分之前，讓我們繼續講述亞伯拉罕的故事。我們讀到：

我們的祖宗亞伯拉罕是怎樣得以跟上帝有合宜的關係呢？是由於他把兒子以撒獻在祭壇上這一**行為**。……他被**稱為上帝的朋友**。（雅各書 2:21, 23）

使徒雅各談論了他們的友誼，而且這不是巧合，因為雅各和那位天使的話都表達了同樣的意思。促成這種親密關係的是亞伯拉罕的聖潔敬畏，而且他的快速和完全的順服（行動）表明了這一點。即使命令沒有道理、看不出有明顯的好處、而且執行起來是痛苦的，他還是在神的話語面前戰兢。對神的敬畏激勵我們，使我們願意並實行神要求的事情。它敞開了通向與祂親密交往的大門。

有一天，上帝在幔利橡樹林附近向隨同祂拜訪亞伯拉罕的兩位天使提出這個問題：「我所要做的事豈可瞞着亞伯拉罕呢？」（創世記 18:17）主隨後轉向亞伯拉罕討論祂的意圖，而那兩位天使繼續前往所多瑪和蛾摩拉雙城。我將以更容易理解的方式來重新表述接下來的情節，但基本上，主說：「亞伯拉罕，我打算毀滅這兩座城市，因為他們的罪惡呼聲如此公然明顯。你有什麼看法呢？」

你能想像聽到造物主這樣的話是什麼感覺嗎？亞伯拉罕震驚地回答說：「所多瑪？！」

主回答說：「是的，是的，還有蛾摩拉。你對這件事有什麼想法？」

亞伯拉罕慌張地對自己說：*想一想，亞伯拉罕，好好想想。我的侄兒羅得在那裡，所以我必須為他和其他無辜的人謀求幫助。*亞伯拉罕想出一個主意：

「你真的要把無辜者跟有罪的人一起消滅嗎？如果城裡有五十個無辜的人，你還要消滅全城嗎？不會為了救這五十個人而饒恕這城嗎？你一定不會把無辜者跟有罪的人一起殺掉！一定不

會！你那樣做，無辜者就跟有罪的一起受罰了。一定不會！世界的審判者一定是公正的。」（創世記 18:23-25）

你能想像神聽到祂的立約人這樣的回應會有多喜悅和愉快嗎？祂很可能回答說：「好主意！好吧，如果那座城中有五十個義人，我就不毀滅這兩座城市。我很高興與我的朋友亞伯拉罕交談。」

但亞伯拉罕還不滿足——如果那裡沒有五十個呢？所以他重複了這個問題，但將數字降到四十五個。

主回答說：「又一個好主意！好吧，如果那座城中有四十五個義人，我就不毀滅城市。很高興與我的朋友亞伯拉罕交談。」

亞伯拉罕不罷手，他不斷追問這個問題，從四十五個降到四十，再降到三十、二十，最後到十個義人。他心想：一定有十個。羅得，我的侄兒，是其中一個——只需要再其他九個人。

只有朋友才能以這種方式對待具有執行審判權力的國王。如果是由僕人或臣民提出這樣的請求，那將是不敬的。主答應了每一個請求，然後我們讀到：「耶和華與亞伯拉罕說完了話就走了；亞伯拉罕也回到自己的地方去了。」（創世記 18:33）

請記住，敬畏上帝意味著我們愛祂所愛，憎恨祂所憎恨。有一天，在我懷著愛心向一個對我嚴厲的人說出醫治的話後，上帝對我說：「孩子，當你關心我關心的事情——人——那麼我就會與你討論我的計畫。」聖潔的敬畏使我們能夠更真實、更深切地愛不僅是上帝，還有人。

經文中說所多瑪和蛾摩拉的人「吃喝如常，買賣如常，也耕種也建造。」（路加福音 17:28）讓我們用更易理解的措辭來表述：「生活很好，經濟正在蓬勃發展，如果有一位上帝，祂不會介意我們的生活方式。」這兩個城市在被毀滅前不到二十四小時，人們卻對此毫不知情。然而最令人震驚的事實不是這個。可怕的現實是：聖經中稱羅得為「義人」（彼得後書 2:7），但他對即將發生的事情一無所知，就像所有不虔敬的人一樣！多虧兩位悲憫的天使讓他和他的家人脫險，所有這一切都因為亞伯拉罕的禱告（創世記 19:29）。

為了使這個故事更貼近現實，讓我們把它看作是發生在我們這個時代。我們有兩位義人——兩位得救、重生的基督徒。一位義人在上帝採取行動之前就知道上帝的計畫，並幫助上帝決定如何行動。另一位義人對即將來臨的審判一無所知，就像那些不虔敬的人一樣。為什麼呢？第一位義人敬畏上帝；因此，他是上帝的朋友，故而他知道上帝的祕密。第二位義人不敬畏上帝；因此，他不是上帝的朋友，所以他不知道上帝的祕密。

羅得被稱為義人，但他是世俗的。他代表那些在被迫面臨困境時，首先尋求自己最大利益的信徒，類似於哥林多教會，類似於我們西方教會中的許多人。這群「義人」與上帝的關係與我跟美國總統的關係沒有太大不同。我可能從他的決定和領導中受益，但我不知道內幕消息、他的計畫、他的個人感受，或者他在做出決策之前的決定。

羅得的性格表現在他選擇居住的地方、他選擇的妻子以及經由亂倫所生的子女，摩押人和亞捫人。羅得最初選擇了他認為最好的地方。在分道揚鑣時，亞伯拉罕讓他首先選擇居住的土地，同意自己去相反的方向。經文記載說：「羅得向四周觀看，看見約旦谷一直伸展到瑣珥的整個平原；這平原水源充足，好像伊甸園，又像埃及的土地。」（創世記 13:10）為什麼要向四周看呢？他知道那些平原上城市的邪惡。他很可能試圖確認如何享受世界體制的好處，但不被捲入其中。他想出了一個計畫。他選擇在平原上紮營，離邪惡的中心地帶有一段安全距離（創世記 13:12），但他的折衷辦法並沒有奏效。後來，他和他的家人最終進了城門，他最終還是被吸引進去了。

當我們缺乏對神的敬畏時，我們不可避免地會試圖盡可能地接近世界，而不至於完全墜入其中。然而，如果這是我們的動機，那麼我們被世界吸引進去，只是時間早晚的問題。我們必須記住，我們被呼召到這個世界是為了拯救迷失的人，而不是成為他們的一部分。

羅得的生活對我們每個人都是一個警示。如果不是因為亞伯拉罕的代求，審判之日將會如夜間的賊一樣降臨到羅得身上。他的世俗主義帶來了可怕的後果。正如所述，羅得的後代非常不虔敬。他的妻子對所多瑪如此依戀，甚至違背了天使的命令，不顧一切回頭看，結果遭受了審判——她瞬間變成了一根鹽柱。基於愛，耶穌警告我們「要記住羅得妻子的遭遇！」（路加福音 17:32）

現在要明智地問，這種友誼的關係是否適用於我們這些屬神的兒女呢？我們很快會討論到這個問題，但首先，讓我們來檢視舊約中另一位被稱為神的朋友的人物。

屬於你的內化練習

經文：你們親近上帝，上帝就親近你們。有罪的人哪，要潔淨你們的手！偽善的人哪，要潔淨你們的心！（雅各書 4:8）

要點：神與那些敬畏祂的人分享祂的計畫，對那些忠誠心一半歸向神、一半歸向世界的人隱藏祂的計畫。

默想：耶穌說：「等到賜真理的聖靈來了……並且要說出將來的事。」（約翰福音 16:13）這與神和亞伯拉罕的互動有何相關？這是否是我與神所期望，讓祂與我分享祂的計畫？

禱告：親愛的主，我渴望聽到祢的祕密謀議。我意識到我像羅得一樣與世界交往。本質上，我已經遠離了祢的內部議事。我為此悔改。我求祢用我主耶穌的寶血徹底潔淨我。請接納我作為祢分享計畫的人。奉耶穌的名，阿們。

宣告：我選擇神而不是世界。

Week 5 —— Day 6

34

與上帝面對面

只有在上帝臨在，無與倫比的敬畏與尊崇震懾下，
我們才會開始以精神和真理崇拜上帝。
——阿利斯泰爾．貝格（Alistair Begg）

現在讓我們看看舊約中，另一位在與上帝的關係中被稱為「朋友」的人。

> 耶和華與摩西**面對面**說話，好像人與**朋友**說話一般。（出埃及記 33:11）

經文中不可思議地使用了「面對面」這個詞語來描述上帝和摩西之間的友誼。請記住，這是全能的上帝，不是街上的某個人，甚至不是一個名人。你是否理解這句話的重要性？這種親

密的詞語不只使用一次，當主因為亞倫和米利暗自批評摩西而發怒時，它被再次使用。祂嚴厲宣稱：

……他是在我全家盡忠的。我要與他**面對面**說話，乃是明說，不用謎語，並且他必見我的形像。（民數記／戶籍紀 12:7-8）

得到上帝說「你是盡忠的」（意思等同於「我信任你」）是人類可以收到的最高讚美之一。這讓我們能洞悉與上帝建立友誼——信任的基礎。是什麼建構了與上帝的信任？

- 無條件的順從：始終按照所要求的去做
- 絕對的正直：始終遵守承諾
- 不動搖的優先次序：始終將神的渴望放在首位
- 了解祂的心意：在做出決定時，始終選擇神的旨意

在所有四個方面保持一致至關重要。如果其中一個方面出現問題，快速而真誠的悔改將使你重回信任的道路。聖潔的敬畏激發了這四個方面的可靠性，而摩西充分顯露高度的敬畏。在本章，我們將重點放在第三和第四個方面——本質上是始終了解並選擇上帝的心意。

想想摩西的一生——他在前四十年擁有巨額的財富、最好的食物、時尚的服裝、最好的物質財產和令任何人嚮往的享受。他住在一個豪華的家中，世上沒有人比他的祖父法老更富有或更有權勢。然而，我們讀到：

> 他**寧願**跟上帝的子民一同受苦，不願在罪惡中享受片刻的歡樂……因為他盼望著將來的**獎賞**。（希伯來書 11:25-26）

摩西**選擇**放棄一切。他本可試著在宮殿中事奉神，但他追求的**獎賞**是留在埃及無法提供的。是應許之地嗎？不可能是，因為奶與蜜之地能提供什麼他沒有擁有的呢？

要發現他最渴望的是什麼，讓我們檢視一下他離開皇宮後的生活。他選擇放下一切是否明智？他的生活條件是否比在埃及當王子更好？他放棄統治人民，在曠野中牧羊，度過了四十年！那是一段很長的時間——牧羊！接下來，他經歷了一個非常緊張且漫長的過程，將神的百姓從法老手中解救出來。如果這還不夠，現在他發現自己生活在一個充滿巨大挑戰的乾旱沙漠中的帳篷裡；他領導的人民不滿、好戰，對他的領導非常不滿意。

在這一切之中，神向摩西提出了一個可以減輕許多壓力和混亂的提議；祂指示摩西集合人民，帶他們前往應許之地。祂指派了一位優秀的天使來引導他們，驅逐所有的對立民族。主提醒摩西，那將是一片富饒肥沃的土地，但最終宣告：「但是，我不和你們同去。」（出埃及記 33:3）

停下來細想一下，摩西和百姓每天面臨的情況。他們的生活缺乏多樣性——沒有美麗的山谷、河流、森林、肥沃的土壤、花園、果園或牧場都沒有。已經好一段時間沒能洗個溫暖的澡、睡在舒適的床上、穿上乾淨的衣物或享受購物商場。他們的菜單非常單調：沒有新鮮的水果或蔬菜、沒有魚或牛肉、沒有甜點，只有每天早上出現在地上的麵包，卻沒有搭配的花生醬、果醬或冷切肉等——什麼都沒有！

埃及的奴隸制度很可怕，但在荒涼的沙漠中流浪也沒比較好，雖然兩種情況都極其困難，但方式不同。然而，在沙漠中，以色列人有一個希望：他們自己的土地——一片富饒、肥沃且美麗的土地。他們已經等了好幾代人！

你能想像聽到上帝美好的話語嗎？摩西肯定會接受，急忙下山，向全國大會宣告這個重大的消息。人們會慶祝，再次讚揚他為偉大的領袖，每個人都將開始他們期待已久的旅程，前往備受期待的應許之地。然而，請聽摩西對上帝提議的回答：

> 如果你不親自與我們一道去，求你不叫我們離開此地。（出埃及記 33:15）

提醒一下，這個「此地」是什麼地方？這是個充滿困難、壓力和艱難的地方。摩西給出了一個令人困惑和驚訝的回答，對於未受啟示的人來說，這幾乎令人難以理解。根本上，他宣稱：「如果我必須在祢的同在和祢的祝福之間選擇，我會選擇祢的同在！」為什麼呢？你可以在某人不在場的情況下了解他們，但不能變得親近和親密。這正是摩西渴望的獎賞。

你可能會問，神為什麼會喜悅摩西拒絕了他所被告知要做的事情？摩西了解神的心意。想想看：你是否曾經真誠實意地給你愛的人一個自己去做某些有益或愉快事情的機會，但他們卻出乎你的意料說：「不，我更喜歡和你在一起，而不是在沒有你的情況下去享受。」這樣的回答是罕見的、令人振奮的，也是最美好的。

摩西敬畏神，所以對神來說重要的事向來就是他的首要任務；他擁有神的心，因此得到了神的信任。他所領導的人民有不同的心。我們讀到：

> 他使摩西知道他的法則，叫以色列人曉得他的作為。（詩篇 103:7）

就像亞伯拉罕一樣，神向摩西展示了祂的性格（*character*）。《好消息翻譯本》（*The Good News Translation*（*GNT*））的聖經版本說，神向摩西顯示了祂的計畫（*plans*）。換句話說，祂的私人祕密顯示給了摩西，而不是以色列人。以色列只透過神如何回答他們的祈禱——祂的作為，來認識神。

如今有多少信徒只是透過被回答的禱告來認識神？他們與祂的關係更多的是交易性的，而不是親密的。他們知道祂的話語，但不知道祂的心。經文通常似乎是規則和歷史故事，或者只是作為靈感的來源。更糟糕的是，它被扭曲成允許不法行為的許可，而不是提供揭示祂心意、改變生命的真理。

摩西和以色列都是義人，與亞伯拉罕和羅得沒有區別。然而，只有那些敬畏神的人有權知道祂的心——性格、祕密和計畫。為什麼神信任摩西而不信任祂的子民？因為神知道摩西總是選擇神的心意，而不是對他自己最好的選擇——這就是聖潔的敬畏。

當以色列人在出埃及記中造金牛犢時，神大怒宣稱：

現在，你不要攔阻我；我要向他們發烈怒，滅絕他們。我要使你和你的子孫成為大國。（出埃及記 32:10）

再次，一個驚人的提議被提出了——使摩西成為一個偉大的國家。令人難以置信。摩西如何回應？再次，他選擇了對上帝最好的，而不是對自己最好的。他大膽挑戰這一提議，提醒上帝在埃及和當前世界的名聲——其他人會說神對祂的子民不忠誠。這種互動變得如此激烈，以至於摩西直言：「求你轉意！」（第12節）當祂發怒的時候，他竟然有勇氣告訴神，請祂改變主意！這只有在你敬畏神、因此了解祂的心並渴望祂最好的時候才能發生。

這就是為什麼神信任摩西，而不信任人民，即便祂拯救了他們每一個人。祂大有能力將百姓從埃及的強大的控制中解救出來，但祂不會與他們分享祂的心意。這種友誼的狀況是否適用於新約時代神的兒女？我們將在下一章中看到。

屬於你的內化練習

經文： 我父親已經把一切都給我了……除了兒子和兒子所願意啟示的人，也沒有人認識父親。（馬太福音 11:27）

要點： 神說「我信任你」是人類能夠得到的最大的讚美之一。信任的基礎對進入與神的友誼至關重要；它存在於敬畏主的人身上。

默想： 摩西敬畏神，知道祂的心意，並被神所信任。耶穌以喜悅敬畏主，知道他父親的心，並被委以一切事物。這之間有什麼關聯？當我們以聖潔的敬畏為樂時會發生什麼？

禱告： 親愛的主，我渴望得到祢的信任。請原諒我多次沒有順從祢、沒有遵守我的承諾、沒有將祢的渴望和如何對祢最好置於我的渴望之上。我選擇改變這一切，並祈求祢賜給我聖潔的敬畏，賦予我力量來進行生命的改變。我奉耶穌的名祈求，阿們。

宣告： 我選擇成為我主耶穌可以信任的人。

35

你們是我的朋友

他在路上向我們說話，給我們解釋聖經的時候，我們的心不是像火一樣地燃燒著嗎？

——路加福音24章32節

亞伯拉罕和摩西的生活示範了進入與神的友誼關係所必須的事情。主甚至曾經說過摩西「他是在我全家盡忠的」（民數記 12:7），顯示了祂的信任。在那一代人中，神宣稱沒有其他人在祂的百姓中比他更值得信任。多麼驚人的聲明。

耶穌是否改變了這個標準？是否向所有信仰祂的人開放了友誼的關係？簡短的答案是「否」。但讓我們透過探究約翰在耶穌開始事工時所寫的一句話來進行調查：

耶穌在耶路撒冷過逾越節的時候，許多人看見他所行的神蹟，就**信**了他。但是耶穌自己卻不**信任**他們，因為他對所有的人都有深刻的了解。（約翰福音 2:23-24）

「信任」這個詞是一個有趣的希臘詞，它的定義是「相信到完全信任和依賴的程度，有信心，有信仰」[1]。有趣的是，耶穌並沒有回報這種信任。即使人們相信到完全信任和依賴祂，祂也不信任他們。祂知道很多人是不可靠的。祂愛他們，服事他們，但並沒有將他們放在友誼的層面上。神委以摩西的信任並沒有被耶穌（化身的神）擴展到那些僅僅相信祂的人。

讓我們繼續看最後的晚餐。在耶穌過去的三年事工中，大多數相信耶穌的人都不可靠；許多人祕密地跟隨或保持距離，或者只有在對他們有利的時候才跟隨。許多門徒離開了祂，而猶大背叛了祂[2]。這是否更好地解釋了為什麼耶穌沒有回報這種信任？

在晚餐中，耶穌坐在那些最親近祂的人中間。帶著感激和深情，祂說：「我在磨煉中，你們始終跟我在一起。」（路加福音 22:28）本質上，他們是可靠的。彼得稍後在當晚會有一個重大的差錯，但他會後悔並帶著更忠誠的心回來，耶穌知道這一點。

猶大已經離開去執行背叛的行動，耶穌對剩下的十一個人說：「我不再把你們當作僕人。」（約翰福音 15:15）耶穌說「不再」的事實意味著這些人曾經被視為僕人。這不是啟示，只是簡單的語言。保羅在書信中闡述了這一原則：

繼承人……在未成年時卻跟奴僕沒有什麼分別。（加拉太書 4:1）

我們必須問，為什麼神讓我們維持在僕人的層次，而我們同時是祂國度的繼承人？答案是：為了保護我們！祂不希望我們發生像亞拿尼亞和撒非喇的困境，祂不喜歡這種情況。

一九八〇年代，我和麗莎為兩個全球性的事工工作，一個有四百五十名有薪員工，另一個有一百五十名。我們在兩個事工團體中看到了一些我們不滿意的領導問題，一旦我們開始了自己的事工，我們就將領導工作人員的方式帶到了相反的極端。有些想法是好的，但有些不是。我們開始的一個典範是：「我要成為每個員工最好的朋友。」你可能已經看出了這種「智慧」的愚蠢。

我們的第一位員工是一個我稱之為賈斯汀的年輕人，我把他當成我的最好夥伴；我們一起打籃球，一起看影片，經常一起吃飯，以及其他會跟好朋友們一起做的所有活動。一開始是很好的。然而，一年後，我不得不提供他一些小修正。他坐在我辦公桌的對面，我輕輕地說：「賈斯汀，當你和我一起旅行時，你需要友好地對待來我們資源桌的人。請微笑並與他們互動，因為他們對神來說都很寶貴。」接下來發生的事情讓我感到震驚。他指著我，開始指責我各種不當

1. Louw and Nida, 375.
2. 見〈約翰福音 3:1-2; 6:26, 66; 12:42; 19:38〉；〈馬太福音 26:14-16〉

行為，他列出了我做錯的事情。我想，不會吧，我真的在做這些事情嗎？但在幾分鐘後，我意識到他是以批評的眼光看待我的。我停下來問聖靈該怎麼辦。祂輕聲說：「解除他的事工。」

我讓他充分發洩之後，跟他說「賈斯汀，我需要你離開我們的團隊」。

他勃然大怒，怒氣沖沖地離開了我們的家。我立刻淚流滿面，因為我關心他。突然，聖靈低聲說，「他會回來的，會比以前更忠誠。」

三個月後，我接到了賈斯汀的電話，他說：「神已經明確對我說話，並帶來了糾正。我打電話是請求你的寬恕。我沒看清神把我放在你和麗莎生活中的位置，也沒看清神把你們放在我生活中的位置。我把你們當作普通人、當作同輩，而不是領袖。我非常抱歉。」

我很快回答說：「賈斯汀，我原諒你。」在更多和解的對話之後，我問他是否願意回來為我們工作。他高興地答應了，從那以後，在這方面我們再也沒有問題。

現在我的心態不同了。除非我確定員工已經擁有賈斯汀失去的那種心態之前，我不會與任何員工分享我內心的祕密。我這樣做不是為了對我們的團隊成員保持冷漠或高姿態；我這樣做是為了保護他們。我不想讓他們經歷賈斯汀所經歷的事情。然而，一旦我知道一名員工在我們的職位上已經建立穩固，我會將他們視為朋友。我們的一些團隊成員是我最親近的朋友。

事實是，主對我們說，「直到你非常穩固地了解我在你的生命中是誰以及你在我面前是誰之前，儘管你是我的國度的繼承人，我需要將你保持在僕人的層次上。這是為了保護你，不讓你經歷與亞拿尼亞和撒非喇類似的審判。」耶穌對這些人說：

我不再把你們當作**僕人**，因為僕人不知道主人所做的事。我把你們當作**朋友**，因為我已經把從我父親那裡所聽到的一切都告訴了你們。（約翰福音 15:15）

耶穌基本上在說：「直到現在，我沒有給過你們內幕消息——我的計畫、祕密謀劃或我內心的私密領域。但現在我可以像對摩西和亞伯拉罕一樣信任你們。」這就是為什麼耶穌對我們所有人都這樣說：

你們**若**……就是我的朋友。（約翰福音 15:14）

我們唱歌、講道，並隨意談論耶穌是我們的朋友，甚至有些人把祂當作哥兒們一樣。然而，我們很少看完祂的陳述。「若、如果」這個詞語表示一個條件；這不是自動的，即使我們相信祂。友誼的條件是什麼？

「你們若遵守我的命令，就是我的朋友。」

這就是條件：對主的敬畏——在祂的話語面前戰兢，立刻而完全地遵守祂的命令，即使這些命令沒有道理，你看不到好處，或者帶來痛苦。正如亞伯拉罕和摩西因對神的敬畏而被接納到了與全能的神的友誼關係中，對我們來說也一樣。當主的心意和旨意成為我們的首要任務時，祂就能信任我們，並歡迎我們進入友誼的關係。成為宇宙創造主的朋友是多麼大的榮幸，多麼大的特權，多麼令人振奮。

在結束之前，請允許我回答一個可能還存在的問題：耶穌給我們下命令嗎？是的，光新約中就有五百多條命令。這些不是得到救贖必須的命令，救贖是一個免費的禮物。相反的，這些是榮耀神的命令，我們經由聖潔的敬畏得以遵守。耶穌離開前的最後話語是：「所以，你們要去，使萬國萬民都作我的門徒……並且教導他們遵守我所給你們的一切命令。」（馬太福音28:19-20）

聖潔敬畏的最大好處是被歡迎進入與耶穌的友誼關係。在下一部分中，我們將探討聖潔敬畏的其他好處。

屬於你的內化練習

經文：你們若遵守我的命令，就是我的朋友。（約翰福音 15:14）

要點：我們不僅因為相信耶穌而贏得祂的信任。與主的友誼是保留給那些敬畏祂的人。

默想：是否值得立刻且完全地服從耶穌？即使看起來沒有道理，即使看不到個人好處，即使痛苦？祂的友誼是否值得？

禱告：親愛的主，我最渴望成為祢親密的朋友之一。我不想從遠處認識祢，我想靠近祢。我選擇敬畏主——無條件服從祢，全心全意愛祢，全身全靈全力地愛人，就像祢一樣。我奉耶穌的名祈求，阿們。

宣告：我選擇成為耶穌的朋友！我會服從祂所吩咐我的一切。

第六週

Week 6

The Treasure's Benefits

寶藏的好處

36

堅定祂的應許

Week 6 —— Day 1

要修平你腳下的路，堅定你一切的道。

——箴言4章26節

現在讓我們把注意力轉向聖潔敬畏帶來的眾多好處。我們已經討論了其中幾個，包括最重要的——與上帝的親密關係。讓我們繼續揭開「你為敬畏你的人所珍藏的美物多麼豐富！」（詩篇31:19）的知識。

在我們開始這個令人興奮的討論之前，有一個重要的誤解需要澄清。通常，人們會透過經驗的鏡頭（無論是自己的還是別人的）來看待經文，而不是讓經文塑造他們的經驗。本質上，神的應許被視為「中或不中」的碰運氣情況，有一種普遍的想法：「如果神願意這樣為我，那真是太好了。但如果不是這樣，祂是至高無上的，我也得接受。」這種信仰設定在神對待祂的兒女時會有偏私，但這並不是真實的。這很容易在人們心中埋下隱藏和沒有明說的怨恨。

真實的情況卻大不相同，我們通常必須爭取神所應許的。為了闡明這一點，我們將借助經文來確立這一真理。讓我們設定一個大多數人認為是自動的聖經應許。神對亞伯拉罕說：「不要為著這兒子和女奴夏甲的事憂慮；照莎拉告訴你的去做，因為你要從以撒得到我所許諾的後代。」（創世記 21:12）這是神的話，加上之前的話，這清楚地表明了神的應許：亞伯拉罕將成為一個國家的父親，即將來臨的彌賽亞將來自以撒的後裔。

有了這個想法，讓我們看看以撒家族的起源，從神為他挑選妻子開始。亞伯拉罕的僕人前往主人的故鄉為以撒找一位新娘，長途跋涉後，他站在社區的井旁，向神祈求一個明確的徵兆——那位主動給他的十隻駱駝取水的女孩就是「你所選定給……以撒的妻」（創世記 24:14）。

讓我們在這裡暫停一下，要知道在長途跋涉之後，一隻駱駝在十五分鐘內可以飲用三十到五十加侖的水。將這個數字乘以十隻駱駝，對於一個女孩來說，自願提取這麼多水必須是一個神蹟。但麗百加完美地滿足了他的要求！毫無疑問，她神奇地被選為以撒的妻子。

僕人帶著麗百加回家後，以撒和麗百加結婚了。但是實現這個應許的障礙很大——因為她不孕！神出錯了嗎？祂不知道她不能懷孕嗎？應許如何能夠實現？為什麼祂會挑選她？以撒和麗百加應該怎麼辦？他們應該只是等待應許的實現——直到她的子宮奇蹟般地運作嗎？

在尋找答案的過程中，讓我們先從亞伯拉罕那裡找到第一個線索。他是一個大膽的禱告者。他挑戰神，要祂保持自己的本性，為了十個義人的緣故而不去毀滅所多瑪和蛾摩拉。根據經文，我們知道他教導兒子也要這樣做（創世記 18:19）。有了這個背景，我們讀到：

因為麗百加不孕，以撒替妻子向上主祈求；上主**答應**他的**祈求**，麗百加就懷了孕。（創世記 25:21）

再次，如果有一個神的應許是可以沒有人類參與就會實現的，那麼這個應許必然是麗百加懷孕的能力。但事實並非如此。要確保神的應許，以撒必須採取非常具體的行動，他必須懇求。希伯來字典中提到「這個詞的基本含義是向主呼求」。因此，這不是只是一個隨意的禱告，而是一個熱切的懇求，一個不接受拒絕的禱告。這是個能夠取悅神的禱告。經文告訴我們：

義人祈禱所發的力量是大有功效的。（雅各書 5:16）

使徒雅各在該經文中說，有效的禱告是一種熱切或充滿激情的禱告。他舉了以利亞為下雨祈禱的例子。以利亞必須熱情地祈禱七次，把頭放在膝蓋之間，並且七次派他的僕人去巡視，看看雨雲是否來臨。他的信心使他拒絕放棄，直到神的應許在地上實現（列王記上 18:41-45）。以撒知道神的旨意，並熱切呼求在地上實現。對所有信徒來說，情況是否也是如此？我們被告知：

> 上主啊，你的話**永遠存留**，堅立在天。（詩篇 119:89）

神的話語在天上被確立。之所以只提到天上而不提到地上，並不是偶然的。為什麼？詩篇作者說：「天只歸屬於上主，但他把地賜給人類。」（詩篇 115:16）地和其中所充滿的都屬於主（哥林多前書 10:26），但祂將地租給人類一段時間。

在我們結婚的早期，麗莎和我租了一個公寓。我們沒有擁有它，但它是我們的住所，我們的家。房東不會進來指點我們如何擺放家具、裝飾或任何其他居住方面的事情。然而，如果求助，我們會得到房東的幫助。

神擁有大地，但已租給人類，這就解釋了為什麼祂不會進入伊甸園，把蘋果從亞當的手裡打掉。祂給予人類地球的管轄權（創世記 1:26-28）。有了這種理解，我們必須問，祂的話語如何在地上確立？我們被告知：「憑兩三個人的口作見證，句句都要定準。」（哥林多後書 13:1）。

以賽亞書中，神宣告：

> 我**口**所出的話也必如此，決不徒然返回，卻要成就我所喜悅的。（以賽亞書 55:11）

有趣的是，這兩個經文中都特別指明了「口」這個詞。神的口說出祂所悅納的旨意，但需要一個被賦予地上權柄的人，用他們的口把神的旨意說出來，才能在地上確立。基本上，我們請求祂來到地上協助。現在，祂的應許在地上就像在天堂一樣確立了。簡單來說，除非我們祈求祂的旨意實現，否則祂不會強行進入我們「租借的大地」。

神向亞伯拉罕宣告了應許。你可以想像以撒懇求說：「我父的神，你應許從我和我的後裔出一個國，並且我的後裔必蒙福。我求你開啟我妻子的胎，使她能生育。阿們。」結果是：神的旨意確立了。

現在讓我們看看我們最偉大的榜樣，耶穌。

> 基督在肉體的時候，既大聲哀哭，流淚禱告，懇求那能救他免死的主，就因他的虔誠蒙了應允。（希伯來書 5:7）

再次出現了「懇求」這個詞，但這次它與「對神的虔誠」這些詞相結合。這給出了另一個關鍵。確立神對祂的子民所作的應許，不僅需要堅持不懈的信仰，而且需要敬畏主。注意神「聽見了」耶穌的禱告。禱告是一回事，被聽見是另一回事。是否有禱告沒有被聽見呢？絕對有。雅各在書信中寫道：「你們求仍然得不到，是因為你們的動機不好。」（雅各書 4:3）又一次，我們必須審視我們的動機，而對主的敬畏正是保持我們動機正確的因素。

當我們敬畏神時，我們可以大膽地禱告，宣告神的應許或祂的旨意在地上成就，就像在天堂一樣被確立。這是否可能是為什麼使徒保羅結束他在地上時光時，寫下了：「在信仰的競賽上要盡力奔跑，為自己贏得永恆的生命」（提摩太前書 6:12）。這是一場戰鬥，我們憑著信心抓住永恆生命所給予的。

屬於你的內化練習

經文：他要成全敬畏他的人的心願；他要垂聽他們的呼求，拯救他們。（詩篇 145:19）

要點：人們經常透過他們自己或他人經驗的鏡頭來看待經文，而不是讓經文來塑造他們的經驗。

默想：我是否因自己或他人的經驗而讓我的信仰偏離了經文所宣告的真理？在我的生活中、家庭中、我所影響的世界中是否有應許尚未實現？我是否已經滿足於生活在這些神聖應許之外？我是否願意為這些應許奮鬥、懇求它們在這個地球上實現？

禱告：親愛的主，以耶穌之名，請原諒我屬靈上的怠惰、滿足於未實現的應許，沒為祢的話語所宣告之事而奮鬥。我曾仰望過去的經驗來指導我的道路，而不是為了確立祢的旨意而奮鬥。我悔改並選擇打一場美好的信仰之戰，祈求祢的旨意在這個地上實現，如同在天上。阿們。

宣告：我選擇打一場美好的信仰之戰，抓住永生所宣告的真理，看見神的旨意在我所影響的世界中得以確立。

37

消除所有恐懼的敬畏

Week 6 —— Day 2

敬畏上帝的人面對生命無所畏懼，
不敬畏上帝的人最終畏懼一切。
——理查德・哈維森（Richard Halverson）

我們生活在一個充滿煩惱和恐懼的世界。事實上，耶穌告訴我們這種情況只會加劇。他對未來的描述令人警醒：「人人在等待著那將要臨到世上的事，恐懼戰慄以至於昏厥。」（路加福音 21:26）這些恐懼和焦慮取代了希望、平安和寧靜，只留下不安、沉重的心情和持續的折磨。

那麼，解藥是什麼呢？

上主以他的大能警告我，不可跟從這人民所走的道路。他說：「不要參與他們的陰謀；他們所怕的，你不要怕，不要畏懼。總要記得我——上主、萬軍的統帥是神聖的；只有我是你應該畏懼的。是我會使你戰兢，是我會保護你[1]。」（以賽亞書 8:11-14）

聖潔的敬畏消除所有其他的恐懼和焦慮，因為它得到上帝的應許，會受到保護。停下來想像一下：美國所有的武裝部隊都被指派來保護你。每位將軍都通知他們的下級軍官——你是最高優先，為了你的安全將採取一切必要的措施。他們承諾無論你去到哪裡，都將使用他們所有最先進的武器來保護你。這可說是難以想像的，但如果發生了，我相信你會感到安全和保障。然而，這與全能的上帝說：「我會保護你」相比顯得微不足道。難怪有人告訴我們：

你為**敬畏你**的人所珍藏的美物多麼豐富！你在世人面前保護投靠你的人多麼美好！你把他們藏在你面前那穩妥的地方，免得他們遭受人的暗算；你把他們藏匿在安全的遮蔽下，免得他們受仇敵欺侮。（詩篇 31:19-20）

這種豐盛美好的應許——隱藏在上帝同在的庇護下，遠離那些試圖傷害我們的人——保護不是給所有人的，而是給那些敬畏上帝的人。多年來，麗莎和我忍受著對我們的謊言、中傷、指控和威脅。我曾與朋友開玩笑說：「不要搜尋我的名字，你會被一堆譴責我的文章淹沒。」但我們一直保持沉默，不為自己辯護。相反的，我們將這些攻擊交給我們所敬畏的那位，並見證了祂持續的保護。這並不容易，有時我甚至會舉起雙手，將其作為將指控或威脅交給上帝的外在標誌。我大喊：「父啊，我把這交在祢手中，請保護我們。」祂從未讓我們失望。

我們見證了聖潔敬畏的保護對許多我們認識的人有所幫助。幾年前，我在我們的家鄉對著一千五百人講話；在崇拜中，許多人將他們的恐懼換成了對主的敬畏。第二天晚上，一位曾回應並擺脫恐懼的母親和女兒在購物後返回家中，卻遇到三名手持刀和槍的男子。這些男子嚴厲地命令她們進入屋裡，他們的目的可能是搶劫、強姦，甚至可能謀殺這兩位女士。

這位母親後來報告說：「如果不是前一晚的經歷，我可能會因恐懼而呆住、說不出話，服從他們的要求。」但她說：「我無視他們進屋的命令，立即大聲祈禱，要耶穌拯救我們。我的信心、力量和平安隨著我越大聲呼求而增長。」「這些男子開始發抖，堅決命令我停止祈禱。他們的耐心最終耗盡，憤怒地大聲叫喊：『夠了！停下來，不要祈禱了！』」這三名男子沒有預料到會遇到如此自信的女性。攻擊者感到困惑，而當他們專注於母親時，女兒得以溜進屋裡打電話求助。當這些男子突然意識到她不見時，就逃跑了。

同一年，當我在德克薩斯州休斯頓傳道時，另一位年輕女性用她的恐懼換取了聖潔的敬畏。在一週的崇拜後，當她從購物中心出來並上車後，她發現一名持刀的男子躲在後座裡，嚴厲地命令她開車。她沒有被恐懼淹沒，而是開始持續不斷地呼求耶穌。他們開了幾個小時的

1. 譯注：作者此處採用的《信息版聖經》與國內使用版本翻譯有部分差距，為配合上下文意一致，此部分採直譯。

車，男子要求她閉嘴，但她拒絕。最後他說：「停下來！」當她停下車時，他打開後門逃走了。

有一次，亞蘭王對先知以利沙大發雷霆，派兵逮捕他。以利沙的僕人第一個看到士兵、馬匹和戰車，嚇壞了。

「以利沙說：『不要怕！我們這邊的人比他們那邊的還要多呢。』然後他禱告說：『上主啊，求你開他的眼睛，使他看見。』（列王記下 6:16-17）主這樣做了，僕人看到山坡上有許多天使的馬匹和烈火的戰車。

耶穌常常遇到人群拾石頭向他投擲。還有一次，人群試圖把他從山崖上推下，但在每一個威脅生命的情況下，他都毫髮無損地離開（參見路加福音 4:29；約翰福音 8:59, 10:39）。

只有在上帝賜予、為了祂的榮耀而遭受苦難的的情況下，他才允許敬畏祂的人遭受這樣的苦難。然而，即使在這些情況下，聖潔的敬畏也賦予信心，消除了人類的恐懼。看看這三位年輕的希伯來人，他們被帶到地球上最有權勢的巴比倫國王尼布甲尼撒王面前。他建造了一座巨大的偶像，並頒布了一項法令，規定人們在國土上任何時候聽到音樂時都應該向它下拜。

這三位年輕人敬畏上帝，拒絕順從國王的法令而犯罪。他們被帶到一個極度憤怒的尼布甲尼撒王面前，他隨時能將他們扔進火爐中。這些年輕人害怕嗎？我讓你來判斷，請注意他們對一位暴怒國王所說的話：「如果我們所敬拜的上帝能救我們脫離烈火熊熊的窯和你的手，他一定會救我們。陛下啊，即使他不救我們，你要知道，我們也絕不拜你的神明，不向你立的金像下拜。」（但以理書 3:17-18）

多麼堅定的信心！他們保持冷靜和無畏，即使經文記載道：「尼布甲尼撒王一聽，臉色變了，向沙得拉、米沙、亞伯尼歌大發雷霆。」（第19節）這些人敬畏上帝，因此知道上帝會拯救他們，無論是生是死。他們被扔進火爐，但卻毫髮無損，甚至沒有煙味。他們即使面臨死亡，仍然保持無畏。

使徒保羅，一位非常敬畏上帝的人，也有相同的態度。在面臨可能被處決時，他說：「無論生死，用整個的我來榮耀基督。因為對我來說，我活著，是為基督；死了，更有收穫！」（腓立比書 1:20-21）為什麼為了榮耀基督而死甚至比生還要更好，或者如其他譯本所說，比生活「遠遠更好」呢？對上帝的敬畏，這是智慧的開端，賦予我們對此生和來世的正確視角。這就是為什麼耶穌說：「那只能殺害肉體、卻不能殺滅靈魂的，不用害怕；要懼怕的是上帝，只有他能把人的肉體和靈魂都投進地獄。」（馬太福音 10:28）

多年前，當我外出傳道時，我為我的孩子擔憂，上帝對我說話。祂說：「約翰，你生命中的任何恐懼都只是說明了你還沒把它置於十字架下；你仍然擁有生命的那一部分。」那天晚上，我悔改，完全把我們的兒子交托給上帝，再也不為他們的安全擔憂。對主的敬畏使我們將一切都交給耶穌。當我們這樣做時，我們就生活在其他人渴求但無法找到的東西：平安、自信，並免於恐懼。

屬於你的內化練習

經文：敬畏上主，得享長壽；安居樂業，禍患不臨。（箴言 19:23）

要點：生命中任何無益的恐懼只是標誌著你尚未將它放在十字架下；你仍然擁有這部分生命。

默想：我在生活的哪些領域中與恐懼鬥爭？是我的健康、財務、婚姻、子女、工作、學業、被拒絕、因信仰而受迫害，還是我生活的其他方面？我是否完全把這些生命的領域交給耶穌主權，還是我仍然擁有它？

禱告：親愛的主，請原諒我未能將（指出相關領域）完全交託給祢。在反思中，我意識到我仍然掌控這部分。我的不安全感暴露了我在這個生活領域中缺乏對上帝的敬畏。我悔改，並把（指出相關領域），以及我生活的每一個方面，都交托給耶穌主權。阿們。

宣告：耶穌是我的主。我把我的生活的所有領域都交給祂。願祂的旨意成就在我身上。

Week 6 — Day 3

38

遺產

教導兒童走正路，他自幼到老終生不忘。

——箴言22章6節

聖潔的敬畏有另一個重要好處：敬畏上帝的遺產。讓我問你一些問題。當你想到本尼迪克特．阿諾德（Benedict Arnold）時，你會想到什麼？「叛徒」是你的第一個想法嗎？德蕾莎修女呢？你會想到仁愛傳教修女會嗎？希特勒呢？你會想到「殺害數百萬人的暴君獨裁者」嗎？愛因斯坦呢？你會想到發現相對論的那位嗎？

你心中浮現的思緒很可能是這些著名人物的遺產。事實是，我們都在創建遺產。因此，我們需要問自己的一個問題是，我的遺產會被牢記，還是被譴責？然而，更重要的問題是，我們的遺產在天堂中將如何被看待——對建立上帝永恆王國是有益還是有害。

根據《韋伯斯特詞典》（*Merriam-Webster*）的定義，遺產是「由祖先或前輩傳遞或接受的東西」[1]。對上帝的敬畏如何影響我們的後代呢？首先，讓我們回到信仰之父亞伯拉罕。當天使在山上阻止他用刀殺害以撒時，主對他說：

> 我要**賜福**給你，要給你**許許多多的子孫**，像天空的星星、海灘的沙粒那麼多；你的後代將征服敵人。（創世記 22:17）

我已經讀了這些話多年，一直在想為什麼會雙重強調。最後，我的好奇心讓我無法自拔，於是請教了一位猶太拉比，他回答說：「在猶太的理解中，當有這樣的雙重強調時，這是關於許許多多的……而且因為一個動詞時態是現在式，另一個動詞時態是未來式，它被描述為對父親亞伯拉罕的一個祝福，但上帝應許將在他的後裔身上降福。換句話說，在祝福你，亞伯拉罕，我將通過你的子孫繼續祝福你。」

聖潔的敬畏有益於我們的後代——「你的後代將征服敵人」這是美好的，我們稍後將討論它，但首先應該從拉比的解釋中突顯出另一個真理。聖潔的敬畏將通過我們的後代繼續祝福我們，這不僅適用於今生，還適用於生生世世的永恆。

我們的永恆將受到我們的後代的影響，在我們近期的未來和來世中，創造更大的榮譽和影響力。為了釐清，讓我舉個例子。阿奇．曼寧（Archie Manning）曾是國家美式足球聯盟（NFL）紐奧良聖徒隊的四分衛，效力了十個賽季。在他的進攻領導下，球隊只有一次達到五成勝率，其他九個賽季都是失敗的。他原本會被多數人遺忘，但他的兩個兒子，佩頓（Peyton）和伊萊（Eli），贏得了四個超級盃冠軍，並成為超級盃和聯盟最有價值球員。現在更多的人因為他的兒子而認識阿奇，因此他在體育界獲得了更大的榮譽和影響力。

在永恆中，許多人將因為他們的後代致力於建立主王國的順從而擁有更大的榮譽和影響力。亞伯拉罕是一個出色的例子，他的永恆影響將因他的後代——約瑟夫、撒母耳、大衛、但以理、以賽亞，當然還有耶穌等等而得到加強。即使現在，他的遺產仍在繼續。這種祝福適用於所有敬畏上帝的人；他們「永遠不被遺忘」並「將強盛，受人敬重」（詩篇 112:6, 9）。許多人認為在天堂一切都重新開始，然而，這並不是真的。作為信徒，我們已經開始塑造永恆的歷史，因為我們被告知「他的仁義永存」（詩篇 112:9）。

現在讓我們轉向上帝的應許，即我們的後代將成為征服者；他們將「征服敵人」。用更現代的措辭來說，可以說我們的後代將不會被輕視上帝的人所支配，而將成為成功的領導和有影響力的人（申命記 28:13）。你可能認為這只適用於亞伯拉罕及其直系後代，但我們被告知：「使

1. Merriam-Webster.com Dictionary, s.v. “legacy,” accessed November 1, 2022, https://www.merriam-webster.com/dictionary/legacy.

外邦人藉著基督耶穌獲得上帝應許給亞伯拉罕的福澤」（加拉太書 3:14）。這是個美好的消息！

> 你們要讚美耶和華！敬畏耶和華，甚喜愛他命令的，這人便為有福！他的後裔在世必強盛；正直人的**後代**必要蒙福。（詩篇 112:1-2）

「一代」（*generation*）這個詞的意思是「很長一段時間」[2]，它指的是我們的後代[3]。撒迦利亞（則加黎雅）預言：「他向敬畏他的人廣施仁慈，代代無窮。」（路加福音 1:50）這個應許不僅適用於我們當下的子女，還包括了世世代代。這方面有一個很好的例子，可以在兩個人的生活中找到，他們都出生在十八世紀初期。

第一個是馬克斯．裘克斯（Max Jukes）。一八七四年，一位名叫理查德．達格代爾（Richard Dugdale）的社會學家訪問了紐約北部的十三個郡的監獄。他發現了四個不同姓氏的六個有血緣關係的人，這引起了他的好奇心，將他帶入了這個家族譜系的深入研究。這一研究追溯到早期的荷蘭定居者馬克斯．裘克斯，他生於一七二〇年至一七四〇年之間，經過多年的鑽研，達格代爾確定了裘克斯的五四〇名後裔。其中有七十六名罪犯，十八名妓院老闆，一百二十名妓女，以及兩百多名領取政府救濟金的人。簡而言之，這些代代相傳的罪行導致了大量的功能失調行為，並給政府帶來了價值今日幣值數千萬美元的花費[4]。

現在讓我們與同一時期出生的喬納森．愛德華茲（Jonathan Edwards）相比，他是一位信仰復興運動的推動者，撰寫了眾多書籍，並激勵許多人傳播福音到各國。他在一七二七年與莎拉・皮爾龐特（Sarah Pierpont）結婚。這對夫婦深深敬畏上帝，每天晚上一起讀經和禱告後才休息。他們有十一個子女，而喬納森每天為每個孩子祈福，他說：「每個家庭都應該成為一個小教堂。」

喬納森和莎拉的一三九四名已知後代揭示了神對那些敬畏祂的應許——他們將擁有敵人的城門，他們的子女將在各個地方成功。他們的後代中有十三位學院或大學校長、六十五位學院或大學教授、三位美國參議員、三十位法官、一百位律師、六十位醫生、七十五位陸軍和海軍軍官、一百位牧師和傳教士、六十位知名作家，以及一位美國副總統、亞倫・伯爾（Aaron Burr）。他們的後代沒有讓政府花費一分錢[5]。

當我們的四個兒子還很小的時候，我陷於恐懼他們的生命是否會早夭；他們是否會因父親

---

2. Ludwig Koehler et al., *The Hebrew and Aramaic Lexicon of the Old Testament* (Leiden: E. J. Brill, 1994–2000), 217.
3. Warren Baker and Eugene E. Carpenter, *The Complete Word Study Dictionary: Old Testament* (Chattanooga, TN: AMG Publishers, 2003), 231.
4. Richard Louis Dugdale, *The Jukes: A Study of Crime, Pauperism, Disease and Heredity*, Georgia State University College of Law Reading Room, January 1, 1969, https://readingroom.law.gsu.edu/cgi/viewcontent.cgi?article=1000&context=buckvbell.
5. Robert Alan Ward, "The Descendants of Jonathan Edwards," White Mountain Independent, September 27, 2019, https://www.wmicentral.com/community_beat/religion/the-descendants-of-jonathan-edwards/article_9e54e16d-59c5–5cf2-a99f-dea187da978a.html.

長年在外講道，有時一年超過兩百個晚上不在家而不滿；或者他們是否會因為上帝呼召我而感到憤怒。有一天晚上，在遠離家鄉的一個傳道大會後，我意識到自己的聖潔敬畏不足，阻止我把他們的生命交給耶穌。我在禱告中大聲說：「父啊，這四個兒子不再屬於我，他們現在屬於耶穌。祢可以按照你的意願去行事，但魔鬼，你永遠無法碰觸他們！」從那天起，我再也不擔心他們的生命。

不久之後，上帝通過祂的話語向我顯示了一個重要的真理。非尼哈是祭司亞倫的孫子，他對上帝和以色列人充滿熱情。他強烈的聖潔敬畏使他敢於做其他信徒膽怯不敢做的事情；他堅定地站在正義的一方。為此，上帝說：「你告訴他，我要與他立永遠的約。他和他的後代要永遠作祭司。」（民數記 25:12-13）實際上，他的後代因為他的聖潔敬畏而獲得了與上帝更親密的關係。聖靈向我顯示，保護我們兒子的方法在於麗莎和我對神旨意的熱切順服。

如今，多年過去了，我們四個兒子，每一個都至少在 Menssenger International 工作九年。他們當中有兩位已經出版了自己的書，他們都是領袖，更重要的是，他們都行走在敬畏上帝的道路上。人們經常問我們是如何培養虔誠子女的，老實說，這與我們的智慧無關；作為父母的我們，犯了很多錯誤，足以寫滿一整套書。然而我們做對的，是走在高度的聖潔敬畏中。

當我們的兒子在青少年時期曾經犯錯，麗莎和我向主呼求，求祂的應許在我們的兒子身上得以成就，並繼續過著敬畏上帝的生活。我們從未失去信心，而你也不應該失去。上帝對那些敬畏上主的人的應許是，你的子女「在地上總會強盛」（詩篇 112:2）。

屬於你的內化練習

經文：你的兒女圍繞你的桌子像小橄欖樹。敬畏上主的人必定這樣蒙福。（詩篇 128:3-4）

要點：當你遵奉聖潔的敬畏，有一些重要的東西會傳承給你的後代。他們不僅將成為有影響力的人，而且你將通過他們繼續受到祝福。

默想：我如何看待我的兒女（或未來的兒女）？我是否擔心他們的未來？我是否完全將他們交給了耶穌的主權？我是否在他們面前敬畏上帝？我是根據他們當前的行為或上帝的應許來思考、禱告和說話？

禱告：親愛的主，祢的話語聲明，透過敬畏上主的生活，我將確保永恆的遺產。我相信祢的應許，我的兒女將在地上有力量，他們將具有影響力、成功，並將榮耀帶給祢和我。我承諾繼續大膽地祈禱這些應許成真。我奉耶穌的名祈求，阿們。

宣告：我的兒女在地上有力量，無論到哪裡都能成功，並且擁有他們的敵人的城門。

39

最重要的事

Week 6 —— Day 4

若要定義真正智慧的內涵為何，
最方便的詞語就是那個能明確表達對上帝敬畏的詞語。
——聖奧古斯丁（Augustine of Hippo）

這一章的主題非常廣泛，其實可以單獨寫一本書來探討它。然而，若不在此談論將使這個訊息不完整。因此，請將這一章視為對聖潔敬畏重要方面的介紹。

聆聽我們造物主的心靈話語，這是生命之語、真理之語、保護之語，將比太陽、月亮和星星更長久的詞語，比我們站立的大地更可靠：

尋求智慧的人有福了；找到悟性的人有福了。……你所愛慕的**沒有**一件可以跟她相比。（箴

言 3:13, 15）

在這個世界上，沒有什麼能與敬畏上帝的智慧相提並論。這真是非常了不起！這就是為什麼我們被告知：「追求智慧是最切要的事」（箴言 4:7），一旦找到，它「使你過愉快的生活，領你走平安的道路」（箴言 3:17）。我們應該在我們所做的每一個決定中尋求上帝的智慧。因為我們被告知：「高舉智慧，她就使你高升。」（箴言 4:8）這是多麼壯美的應許！希伯來語中所用的「高升」（great）一詞被定義為「提高、昇華、被尊崇」。當上帝提升時，沒有人和任何環境可以貶低！因此，智慧是通向持久的重要性道路。智慧必須被發現，它是隱藏的，但不是無法觸及的。一旦找到，它會帶來巨大的好處。那麼我們如何找到它呢？

敬畏上主是智慧的**開端**。（詩篇 111:10；箴言 9:10）

希伯來語中的「開端」（*beginning*）一詞具有重要意義。它出現在聖經的第一節中：「太初，上帝創造天地。」這個詞的意思是「起點」。聖潔的敬畏是智慧的起源。可以這樣想像一下：想像一個儲藏你所有需要的持久成功的智慧寶庫。然而，只有一扇門和一把鑰匙可以讓你進入其中：聖潔的敬畏。以賽亞寫道：「賜給他們智慧和見識。敬畏上主就是他們最大的財產。」（以賽亞書 33:6）

實際上，除了敬畏上帝之外，沒有恆久的智慧。聖潔的敬畏是恆久智慧的起點，但好處超越了起點：

> 敬畏耶和華就是生命的**泉源**，可以使人離開死亡的**網羅**。（箴言 14:27）

我想強調兩個關鍵詞：「泉源」（*fountain*）和「網羅」（*snares*）。希伯來語中的「泉源」一詞意味著「流動」或持續的來源。生活得好不是由於零星的良好決策，而是來自一系列明智的決策，才能結出持久的果實。

第二個詞：「網羅」，指的是陷阱或誘餌。「這個希伯來詞的正確理解是放在獵人陷阱中的誘惑物或誘餌。[1]」任何優秀的獵人都知道，陷阱成功需要兩件要素。它必須隱藏，希望動物不會意識到它的真正用途，並且必須放置誘餌以引誘動物進入致命的陷阱。有了對關鍵詞的深刻理解，讓我們來看另一句經文，以更清晰地闡述所陳述的真理：

> 敬畏上主等於上**智慧課**。（箴言 15:33）

結合這兩個經文的真理，我們發現聖潔的敬畏是上帝智慧的泉源——一個持續的流。它是一位永不休息或入睡的顧問，不斷引導我們在生活中做出明智的決策。當我們獨立於上帝的智慧之外，數千年來人類已經證明，我們會做出有害的決策，同時認為自己正在做出好的決策。為什麼會這樣呢？死亡和毀滅的道路是隱藏並含誘餌的，與獵人的陷阱無異。看似善良、明智、有益和令人愉悅的事物通常只是誘餌，引誘你進入最終是不好、不明智、有害和令人不快的事物中。敬畏上帝經由忠實地帶領我們遠離這些陷阱來保護我們。

如果你看看今天的社會，許多偉大和聰明的人們做出的決策，正在將那些受其影響的人引向毀滅。同時，其他人對他們的愚蠢視而不見。聖經陳述，當拒絕敬畏上帝時，「他們的思想荒唐，心智暗昧。他們自以為聰明，其實是愚蠢」（羅馬書 1:21-22）。當思想變得昏暗時，視野也變暗；我們最終會掉入死亡隱藏和誘餌的陷阱。

然而，反過來也是如此。當我們堅定擁抱聖潔的敬畏時，我們就擁有一位永遠存在、源源不絕的智慧顧問，使我們能夠做出持久有益的決策。即使我們對潛在的死亡陷阱一無所知，這個泉源持續保護我們免受不知不覺中被困的危險。

讓我們以一個並未與上帝立約但卻敬畏祂的人作為示例。那就是基拉耳王亞比米勒。他把亞伯拉罕的妻子撒拉帶進自己的後宮。不久之後，神在夜晚來到他面前說：「你該死！你奪來的這女子是人家的妻子呀！」（創世記 20:3）

1. The proper understanding of this Hebrew word is the lure or bait placed in a hunter’s trap.Warren Baker and Eugene E. Carpenter, *The Complete Word Study Dictionary: Old Testament* (Chattanooga, TN: AMG Publishers, 2003), 585.

亞比米勒哭求：「主啊……我做這件事問心無愧；我沒有做錯事呀！」（創世紀 20:4-5）在這裡所用的「主」這個詞語，有人告訴我們，「這個詞字面上意思是『我的主』」[2]。他對上帝的敬畏在他對上帝的稱呼和回應中是非常明顯的。現在聽聽上帝對他所說的話：

「是的，我知道你做這件事問心無愧，所以**阻止你得罪我**，不使你侵犯她。」（創世記 20:6）

敬畏上帝是一位他沒意識到的顧問，這顧問讓他不會落入死亡的陷阱。而這陷阱之所以隱藏，是因為她被以亞伯拉罕的妹妹的身分呈現，但聖潔的敬畏保護了他。這個異教的王，他與上帝沒有已知的約定，沒有上帝的書面話語，卻為何在想要占有另一個男人的妻子時戰兢不已？我們在保羅的著作中找到了答案：「外邦人沒有法律；但是當他們本著天性做了合乎法律的事，他們就是自己的法律，雖然他們並沒有法律。他們的行為顯明了法律的要求是寫在他們心裡的。他們的良知也證明這是對的；因為他們的思想有時候譴責自己，有時候為自己辯護。」（羅馬書 2:14-15）

此外，為什麼這位外邦王對占有別人妻子的念頭感到戰兢，然而一位經驗豐富的牧師或多年參加教會的人會在通奸中染指別人的妻子？隨著時間的推移，我們目睹的這種情況變得更加頻繁。這並不是什麼高深的科學。即使這位教會的領袖或參加者口頭上承認自己屬於耶穌，但他對上帝毫無敬畏之心。聖經告訴我們：

> 我發現有一種女人比死亡可怕。她的愛情**像**陷阱，像羅網；她擁抱你的手臂像一條鎖鍊。蒙上帝喜悅的人得以逃脫她的手，但她要抓住**罪人**。（傳道書 7:26）

聖經並沒有說惡人會被陷阱困住，而是罪人——因為他們缺乏對上帝的聖潔敬畏，所以無法成功。這很可能是一個宣稱自己信奉基督教的人。雅各伯寫信給聲稱的信仰者：「有罪的人哪，要潔淨你們的手！偽善的人哪，要潔淨你們的心！」（雅各書 4:8）

我們廣泛接受的西方福音體系通過教導一種偽造的恩典，有系統地將對上帝的敬畏從我們的心中移除，這種恩典教導我們的方式不同於上帝的智慧。它創造了一個不健康的、扭曲的智慧之泉，去除了保護我們免受罪惡的約束力。然而，真正的恩典並不會與聖潔的敬畏互相衝突。

> 因為上帝拯救全人類的恩典已經顯明出來了。這恩典**訓練我們**棄絕不敬虔的行為和屬世的私慾，在世上過著自制、正直、敬虔的生活。（提多書／弟鐸書 2:11-12）

我們不能將上帝真正的恩典與上帝的聖潔敬畏分開。它們是一致的，都在訓練我們遠離死

2. Baker and Carpenter, *The Complete Word Study Dictionary: Old Testament*, 18.

亡的陷阱。

在宣稱與上帝立約的人群中，這種不敬虔行為的瘟疫並不是什麼新鮮事。在整個以色列和教會的歷史中，我們一直看到相同的模式，但在耶穌所說的以欺騙為標誌的末世裡，這種現象變得更為嚴重。對上帝聖潔敬畏的失去，打開了人們的心靈和靈魂，卻迎來了黑暗的忠告；表面上看似真理，實際上卻在不知不覺中導向罪惡和死亡。

在我們當前的社會中，無法無天的勢力正在加速增長，這就好像我們處於一個指數曲線的上升階段。如果廣泛接受的偽造恩典繼續將聖潔敬畏從信徒的心中消除，那麼許多宣稱是基督徒的人也將被無法無天的欺騙所徹底消除。我們需要一個聖潔敬畏的復興，因為它不斷地保護我們免受愚弄。即使大多數人已經深陷欺騙，它仍然讓我們的心靈與真理保持一致。

將聖潔敬畏視為你的寶藏。比你對百萬美元、最昂貴的珠寶或最漂亮的房子更加用心地保護。我們通常經由聯邦保險的銀行、金庫、保險箱或安裝報警系統來保護這些貴重物品，然而，我們最大的寶藏是對上帝的敬畏。這就是為什麼有人告訴我們：「所思所想要謹慎，因為生命是由思想定型的。」（箴言 4:23）

屬於你的內化練習

經文：聽吧，智慧在呼喚，悟性在吶喊……找到我，就是找到生命；他會獲得上主的恩惠。沒有找到我的人是傷害自己。（箴言 8:1, 35-36）

要點：作為基督的追隨者，追求智慧是我們可以做的最重要的事情。敬畏上帝是智慧的泉源；它保護我們免受死亡的陷阱。

默想：我是否明確表明立場？我是否已經決定不遵守與上帝話語相抵觸的社會智慧？我是否願意為了我對上帝話語的信仰和順從而受到迫害？我將如何更謹慎地在我的日常決策中尋求耶穌的智慧？

禱告：親愛的天父，奉耶穌的名，我呼求祢的智慧和領悟。請開啟我的耳朵和眼睛，使我能夠領悟它。我不想因自己的意見而變成愚人。我會珍視並依賴我主耶穌基督的智慧，超越這個世界所能提供的一切。我選擇順從，即使因我的信仰或順從而受到迫害。阿們。

宣告：我決心在我所做的每個決定中尋求我主耶穌的智慧。

40

成功的生活

Week 6 — Day 5

對上帝的敬畏，與謙卑相對應。

——聖奧古斯丁（Augustine of Hippo）

在〈箴言〉書的智慧深處，有一對我喜歡稱之為「強力雙胞胎」的美德；這兩種美德經常緊密相依、在聖經中互相補充。它們在以下經文中指明：

> **敬畏上主**、**存心謙卑**的成果就是富足、光榮、長壽。（箴言 22:4）

真正的謙卑和聖潔的敬畏是相關的。你永遠不會找到一個敬畏上帝的人不是真正謙卑的；

同樣，你也不會找到一個真正謙卑的人不敬畏上帝。這裡的「真正」很重要，因為存在各種形式的虛偽謙卑。我們將在下一章中更全面地討論這一點。

讓我們簡要看一下列出的三個應許：富足、光榮和長壽。希伯來語中「富足」（riches）的詞是 *ʿōšer*，定義為「財富、富足。它描述土地、財產、牲畜和後代各種財富」。它的意義很明確，並且這不僅僅是關於聖潔敬畏的一次性應許。詩篇作者也寫道：

> 你們要讚美耶和華！敬畏耶和華，甚喜愛他命令的，這人便為有福！……他家中有貨物，**有錢財**；他的公義存到永遠。（詩篇 112:1, 3）

有錢財（wealthy）的希伯來語是相同的 *ʿōšer*，用來形容富有，這引發了潛在的爭議。有些人認為擁有財富與虔敬相違背。然而，如果我們為了遵循傳統而排除了明確的聖經真理，這難道不是傲慢的表現？而傲慢顯然是與聖潔敬畏背道而馳的。

多年前，我不得不正視這一點。在我們事工的早期，我和麗莎目睹了一些牧師傳授一種以財富為主的福音，導致許多人追逐奢侈和豪華。結果是毀滅性的，致使許多人貪婪，這是崇拜偶像的行為。許多人偏離了真正的信仰，而招致各種痛苦。在目睹了這些受害者後，我們反應過於極端，開始厭惡提到財富、富裕或繁榮的任何教導。我們的不成熟最終得到了聖靈的糾正。我們必須面對這樣的事實，真正敬畏上帝的人將正確地處理財富，不會陷入貪婪的陷阱。

錢財和財富的目的是什麼？它們是祝福他人的一種方式。在撰寫本文時，我們的事工已經以一一八種語言、向一三〇個國家的領袖和牧師提供了超過五千三百萬件實體資源，包括書籍和課程。我們還創建了一個名為 MessengerX 的應用程式，其中包含了一二二種語言的門徒培訓資源，已經可以在二三〇個國家下載，我們並未收取費用。這些項目耗資數千萬美元。如果支持這些努力的男男女女相信虔敬就等同於貧窮或財富的代名詞，我們將無法支持那些已經被幫助的數百萬人。

貪婪和擁有財富來影響生活之間存在著巨大的差異，那些真正敬畏上帝的人明白這一點，並遠離前者。在新約中，在耶穌被釘十字架之後，我們讀到：

> 傍晚的時候，有一個亞利馬太的**財主**來了；他名叫約瑟，也是**耶穌的門徒**。他去見彼拉多，要求收殮耶穌的身體；彼拉多就吩咐把耶穌的身體交給他。（馬太福音 27:57-58）

約瑟富有，經文稱他是耶穌的門徒。諷刺的是，大多數耶穌的追隨者都已逃跑並躲藏起來。然而，這位富人的大膽無懼，源於他對上帝的敬畏，因而無視猶太領袖的威嚇和羅馬的強大，走到彼拉多面前，要求耶穌的身體。多麼勇敢的人！

請不要誤解：如果有人貧窮，是否意味著他們缺乏對上帝的敬畏？不是的！經文中充滿了那些沒有物質財富的男男女女。這是否使他們顯得不那麼虔誠？絕對不是！真正的財富不是以金錢或財產來衡量，而是以我們幫助他人的能力。這是我們的應許：

> 上主忠誠的子民哪，要敬畏上主；敬畏他的人一無缺乏。連少壯的獅子也會缺乏、挨餓，但尋求上主的人什麼好處都不缺。（詩篇 34:9-10）

這是一種虔誠的渴望，影響他人來為上主的國度做出貢獻，不論是祈禱、食物、財政、教導、門徒訓練、款待，還是服侍。擁有豐富的資源來完成我們神聖使命所需的一切是好事。敬畏上帝的人追求這一目標，在過程中發現自己也受祝福。傲慢、篤信宗教和嫉妒的人將花費精力爭辯為什麼信徒應該貧窮，並堅持那些非建立於聖經根基上的信仰。

所羅門王在對上主的敬畏下，領導和教導他的國民。在這段時間，「從但到別是巴的猶大人和以色列人都在自己的葡萄樹下和無花果樹下安然居住。」（列王記上 4:25）我們進一步被告知，人們「都吃喝快樂」（列王記上 4:20）。停下來思考這句話：「都在自己的葡萄樹下和無花果樹下安然居住」。那裡沒有社會救助、失業或貧困，整個國家的人民都生活得很好！敬畏耶和華賜智慧，造福其影響下的所有人，在這個情況下，是整個國家。如果我們所有的領袖都敬畏耶和華，會發生什麼？

作為最後的思考，這個應許不是我們必須通過禱告爭取的，像以撒不得不為麗百加的子宮作用而奮鬥一樣。耶穌向我們承諾：「你們要先追求上帝主權的實現，遵行他的旨意，他就會把

這一切都供給你們。」（馬太福音 6:33）

讓我們來看看下一個應許：光榮（*honor*）。在我們引言的經文中，希伯來語中「光榮」的詞是 *kābôd*，定義為「尊榮、榮耀、威嚴、財富」。我們在前面的章節中已經看到，這是摩西在請求親睹上帝的榮耀時使用的詞語。它承載著一種分量、一種權威，不是來自頭銜或職位，而是與品格相連繫。因此，我們發現敬畏上帝的另一個美妙好處：高貴。它使你成為一個有尊嚴和光榮的人。〈箴言〉並不是唯一一個陳述這一好處的書卷；詩篇中也使用了同一個希伯來語詞來形容敬畏上帝的人：「他的角必被高舉，大有榮耀。」（詩篇 112:9）

思考〈箴言〉書中的賢德女性。她擁有極好的素質。她值得信賴、智慧、勤勞、精力充沛、勤奮工作、富有、仁慈、幫助有需要的人、保護無助者。有時候，另一個常被忽視、但與我們討論相關的傑出特質是「能力和威儀是她的衣服；她想到日後的景況就喜笑」（箴言 31:25）。換句話說，她像穿衣服一樣佩戴尊榮，與我們的服飾沒有什麼不同——它在她的周圍對所有人都是顯而易見的。那麼，她的最後的美德是什麼呢？

> 艷麗是虛假的，美容是虛浮的；惟敬畏耶和華的婦女必得稱讚。（箴言 31:30）

就是聖潔的敬畏！這是一個驚人的事實——賦予這個女人的高貴和尊榮，對任何敬畏上帝的男人或女人都是可得的。在我多年的旅行中，我遇到了許多重要的領導和個人。許多人對社會產生了巨大的影響，但比起他們建立的一切，更引起我注意的是當我遇到一個穿戴尊榮的男人或女人；他們的存在有一種分量，他們散發出光明、愛、尊榮和高貴。他們的孩子愛戴他們，他們的同事和朋友喜歡與他們親近。有趣的是，其中許多人並不是公眾人物，他們的名片是什麼？他們敬畏上帝！

我們引言經文中的第三個承諾是長壽，或者說壽命的延長。這與真正的謙卑密切相關。我們將在下一章中展開對這個應許的探討。

屬於你的內化練習

經文：敬畏上主就須恨惡邪惡……愛我的，我也愛他；尋找我的，一定找到。財富榮譽由我施與；恆久的富貴成功也都在於我。（箴言 8:13，17-18）

要點：聖潔的敬畏和謙卑應許了富足、光榮和長壽。富足不是通過金錢或物質的數量來衡量，而是通過我們幫助他人的能力。高貴與我們的品格有關，而不是我們的頭銜或職位。

默想：我是否以健康的方式看待財富？我是否出於不安、恐懼或貪婪而追求它？去追求聖潔的敬畏是否對我更好，並相信這個應許，以擁有足夠的財富來影響他人？對於我來說，佩戴尊榮意味著什麼？

禱告：親愛的天父，請應驗祢的應許，在我追求真正的謙卑和聖潔的敬畏中，我將經歷所需的富足、光榮和長壽，以完成我的神聖使命，為他人服務。奉耶穌之名，阿們。

宣告：我已經蒙天父的應許，在追求聖潔的敬畏和真正的謙卑中，我將得到富足、光榮和長壽。

41

善終

明智的人依正直行事。

——箴言15章21節

除非我們討論如何善終，否則無法充分討論幸福的生活。在第18章，我們觸及了長壽，在這一章我們將進一步闡述，並檢視敬畏上帝和謙卑如何發揮重要作用。

敬畏上主、存**心**謙卑的成果就是富足、光榮、**長壽**。（箴言 22:4）

聖潔敬畏的一個驚人好處是延長生命。我們讀到：「敬畏上主的人延年益壽。」（箴言

10:27）這是多麼大的應許！而且這不是一次性的，因為我們再次被告知，聖潔敬畏的智慧將「使你延年益壽」（箴言 9:11）。我們不僅被應許延年益壽，還有我們每天會更有生產力。

另一個驗證可以在十誡中找到。敬畏上帝激勵我們無條件尊崇我們的父母，這樣做，我們得到了應許：「你就事事亨通，在世上享長壽。」（以弗所書 6:3）再次，我們不僅得到長壽，還有生產力。這些都是我們可以在禱告中求取的應許。

說到這裡，重要的是要注意，如果沒有生活的質量，增加歲月的愉悅就會減少。所羅門在他悲觀的歲月中寫道：「死的日子勝過出生的日子」（傳道書 7:1）。顯然，當他寫下這些話時，肯定沒有享受生活。什麼確保了生活的質量呢？真正的謙卑和對上帝的敬畏。

多年前，我在祈禱中讀到：

> 烏西雅王逝世的那一年，我見到了主；他高高地坐在寶座上，他的**長袍**覆蓋了整個聖殿。（以賽亞書 6:1）

以賽亞看到了主的榮耀。正如在早些章節中討論的那樣，他看到全能者坐在寶座上，巨大的天使，建築物的門柱因他們的呼聲而震動。從這次經歷中，他的生命得到了徹底的改變。在讀完這段經文後，我呼喊：「主啊，這就是我所需要的，耶穌新的異象！」

聖靈在我的內心輕聲告訴我：「這不是我這節經文起初的字句。回去再讀一遍。」

我感到困惑，但按照祂的指示去做了，這次「烏西雅王逝世的那一年」從紙上躍然而出。然後我聽到：「烏西雅王必須去世，以賽亞才能對我有一個新的異象。」

當時，我對烏西雅不太瞭解，只知道他是以色列或猶大的眾多國王之一。但當我開始研究他的生平時，我發現了一些吸引人的事實。他在加冕為猶大國王時只有十六歲，統治了五十二年。以現在的視角來看，在過去的五十二年中，我已經經歷了十位美國總統。所以烏西雅統治了相當長的一段時間。

在十六歲時被授予統治數百萬人的時候，他做了一件明智的事情——他尋求上帝。我們讀到：「他尋求耶和華，上帝就使他亨通。」（歷代志下／編年紀下 26:5）哇，他成功了！上帝賦予他的智慧使他達到了驚人的偉大。他振興了經濟，修復了城市，建立了一支強大的軍隊，並奪回了祖先所失去的領土。我們讀到：「烏西雅的名聲傳到遠方；因為他得了非常的幫助，甚是強盛。」（歷代志下 26:15）

然而，就像所羅門一樣，敬畏上帝並不是他的寶藏。可悲的是，我們讀到：

> 烏西雅王的強盛使他逐漸**驕傲**起來，招致他的衰敗。（歷代志下 26:16）

不知何時，他失去了他起初的謙卑和聖潔的敬畏。這裡有一個重要的真理：這對強力雙胞胎的美德將產生繁盛的動力，這意味著即使起初推動成功的美德不再，成功通常會繼續。接下來我們所讀的內容非常有趣：

> 他冒犯上主，自己進聖殿在香壇上燒香。（歷代志下 26:16）

聖靈問我一個問題：「孩子，當驕傲進入他的心時，烏西雅是變得更有靈性還是更沒靈性？」我立刻意識到答案是違反直覺的。我一直以為當驕傲進入某人的心時，他們會變得不夠靈性。然而，烏西雅是進入聖殿在主面前進行一項屬靈活動。除非聖靈提出這個問題，否則我不會意識到這一點。

我震驚地大聲說出：「他變得更有靈性！」

聖靈在我心中輕聲告訴我：「驕傲之靈和宗教之靈是相輔相成的，它們通過互相掩蓋來加強彼此。」驕傲使一個人不承認自己變得更宗教性，而宗教則通過其屬靈的行為掩蓋了驕傲。

然後我想到了耶穌時代的法利賽人。與烏西雅類似，這些領袖可能起初對耶和華懷有真正的愛和聖潔的敬畏，但在某一時刻，驕傲進入了他們的心。他們與上帝越來越遠，但他們在屬靈活動中的參與卻更密集了。

烏西雅被祭司們質疑，他們指責他不合經文的行為。當面對真理的質疑時，烏西雅對祭司發怒（這也顯現他失去了謙卑）。突然，他的額頭爆發了痲瘋病。這位國王的餘生是悲慘的，他不得不住在一個孤立的房子裡。他的兒子接管了皇宮的統治，最終烏西雅死於痲瘋病。

讓我們從一般大眾的眼光來看這件事。對猶大和耶路撒冷的人們來說，唯一明顯的事實是，他們的國王染上了痲瘋病。你能想像社交媒體會如何爆炸嗎？評論充斥著網路：「哦，不會吧？我們的國王得了痲瘋病，太慘了！」沒有人知道這種疾病背後的原因。但聖靈通過內幕消息告訴我們——那是因為失去了聖潔的敬畏和謙卑。

看到這一點，我進一步向主詢問了關於我們這個時代的問題。在我有生之年，我看到了許多領袖的崩壞。最常見的原因通常是婚外情，但有時是由於酗酒、藥物成癮、貪婪或其他惡習和不當行為。我曾傷心地看著領袖們墮落，他們從事事工可能在我們之前、與我們同時，甚至在我們之後。每一個人都是懷著極大的熱情來榮耀耶穌的。他們如何屈服於如此黑暗的行為呢？他們難道沒有看到其他人走上同樣的道路嗎？

聖靈再次對我說：「孩子，這些墮落的領袖不是荷爾蒙問題，而是驕傲問題。」我們所見證的是他們額頭上爆發的痲瘋病——婚外情、惡習或其他導致他們失敗的行為。但我們沒有看到的是驕傲取代了他們聖潔的敬畏和謙卑。在什麼時候發生這種情況，只有上帝知道。甚至領袖自己也不知道，因為驕傲會使受害者無法清晰地看到。

由於成功所帶來的動力，我們很容易忽略了是什麼促使我們的成功——帶著謙卑和聖潔的敬畏懇切地尋求上帝。這就是為什麼在成功時，我們要牢記耶穌的話：「因為沒有我，你們什麼也不能做」（約翰福音 15:5）。

基本上，那一天聖靈對我說：「約翰，驕傲消失多少，你就會看見耶穌多少新的形象。」轉變是必不可少的，如果沒有對祂有新認識，我們就錯過了成長得更像祂的機會。許多偉大的男性和女性沒有善終，他們卻都相信自己可以逃脫失去謙卑和聖潔敬畏不可避免的後果。不要被愚弄——緊緊抓住真正的謙卑，你對耶穌的完全依賴，把聖潔敬畏視為你的寶藏。如此，上帝將應許給你富足、光榮和長壽。

屬於你的內化練習

經文：你要聽受我的言語，就必延年益壽。（箴言 4:10）

要點：驕傲消失多少，你就會看見耶穌多少新的形象。真正的謙卑根植於聖潔的敬畏。這是知道沒有耶穌，我們什麼也不能做。因此，我們選擇完全地依賴祂。

默想：在我的生命中，謙卑是事實嗎？是否有一些領域，我有「我能應付」的態度？我是否在不諮詢主的情況下制定計畫？我是否在沒有內心尋求祂的見證的情況下做決定？如果是的話，我應該如何改變這種做法？心懷感恩如何讓我既勇敢又謙卑？

禱告：親愛的天父，奉耶穌的名，原諒我在我的生命中自負的地方：（列出它們）。我為這種自我依賴和看待自己勝過他人的態度懺悔。請以耶穌的血洗淨我。在祢眼中我謙卑自己，也選擇看待他人比自己更重要。阿們。

宣告：我選擇謙卑和敬畏上帝來指導我的生命。

42

尋找寶藏

我經常祈禱：

「哦，上帝，請賜下悔改和敬畏神的復興，讓它席捲整個大陸，使我們得以倖免，也能夠榮耀祢！」

——陶恕（A.W. Tozer）

致讀者：為了完整呈現信息，本章將較一般來得長。如果你一直以每日一章的步調來閱讀，我已經將本章分為兩個部分：早上和晚上。

◆早上閱讀：好處摘要

聖潔敬畏所提供的好處之深度是無法在一本書中完整討論的。要充分探討這些好處需要大量的書籍，我已經尋求了將近三十年，對聖經中聖靈展示的內容仍感到驚奇。因此，讓我們簡要地一窺其他應許，來為本書畫下句點。把每一個都視為你進一步探索和發現的開端介紹。在心中擁抱這些應許，不要試圖將它們拋在腦後或解釋它們；將它們回應給上帝。對於那些敬畏上帝的人，這些是你們要尋找和抓住的珍寶。

敬畏上主的人多麼**有福**啊！遵行他命令的人多麼**有福**啊！你勞碌得來的夠你食用；你必定**快樂**，凡事亨通。（詩篇 128:1-2）

請注意，「有福」、「快樂」這些詞在短短兩節經文中出現了三次！真正敬畏上帝的人充滿了喜樂。其中明確提到的喜樂來自我們的勞動。我永遠不會忘記一九八〇年初，我在 IBM 擔任工程師時，一件影響我一生的事。那天，我們在一位工程師的辦公室裡慶祝他工作三十八周年，當時我們有十幾個人擠在他的辦公室裡。

慶祝的過程中，那位工程師脫口說出：「我討厭在這裡工作的每一天，已經有三十八年了。」其他人都笑著點頭表示同意。當時我才到職幾個月，年輕又無知，但那時我感到困惑而提問：「那你為什麼還要做呢？」

他的表情從最初的笑聲迅速變成厭惡，他轉向我，還有辦公室裡的每個人，譏笑道：「約翰，這就叫工作！你得工作才能買食物和衣服。」從其他人的表情看來，我知道他們都深有同感。我知道不該再多說一句話了，因為我的面前沒有智者。

我之所以學習工程，只是因為擔心不能找到一份高薪的工作。他的言論暴露出我不聖潔的恐懼。當時我就下定決心，三十八年後，不要說出同樣的話，這種恐懼不會主導我的生活；我會信靠上帝。我可以很高興地說，從那時起，我一直享受勞動的果實，這個應許是給所有敬畏上帝的人的。

詩篇作者繼續說道：

> 你的妻子在家中像結實纍纍的葡萄樹；你的兒女圍繞你的桌子像小橄欖樹。**敬畏上主的人必定這樣蒙福**。（詩篇 128:3-4）

你將享受你勞動的果實，你的配偶會繁榮昌盛，你熱衷的孩子會想與你在一起。太多人缺乏這些經文所描述的東西；實際上，這指出了社會上大部分人所缺少的東西。許多人即使掙很多錢，也無法享受生活。他們與配偶相處不來，他們的孩子不想與家人有任何關係。他們的家庭正在衰退而不是茁壯成長，但還是有一個神聖的希望。

這個應許的希望是具體而美妙的。它不是為所有出席教會的人，甚至不是對那些承認與耶穌有關係的人而言。它明確地陳述：「敬畏上主的人必定這樣蒙福。」

親愛的讀者，透過這個信息，你已經快要完成旅程了。走到這一步，你選擇了敬畏上帝；因此，這是你可以在祈禱中祈求的應許。向上帝呼喊，就像以撒一樣，看到這些聖潔敬畏的應許得以實現。在我們的家庭中，曾經有好幾個月沒有在現實中體驗到這些應許，有跡象表明它們可能不會發生；但我們抱著上帝應許的希望，堅持不懈地在禱告中爭取。現在我們可以說，這些應許在我們家庭中已經得到了實現。

讓我們再來看一篇深入探討敬畏上帝的詩篇：

> 要讚美上主！敬畏上主的人多麼**有福**啊！喜歡遵行上主誡命的人多麼有福啊！義人的後裔一定蒙福；他的子孫在地上總會強盛。（詩篇 112:1-2）

我們再次看到「有福」這個詞與聖潔的敬畏相連。有福是一種屬靈的力量，它不像幸福那樣是建立在環境基礎上的。相反地，有福建立在上帝的永恆話語中；它是我們的力量，它使我們更有生產力和創造力。此外，在這節經文中，我們也看到了聖潔的敬畏極大地影響了我們的後代；不僅我們會成功，我們的子女也會得到相同的應許。讓我們繼續：

> 他的家族富裕繁榮；他的義行存到永遠。……義人永不失敗；他永遠不被遺忘。他不因壞消息驚惶；他的心堅定，一心信靠上主。他不憂不驚；他確信會看見仇敵的衰敗。（詩篇 112:3, 6-8）

最近，我和另一位信徒交談，她講到有一天，當我們離開這個生命時，我們的永恆將要開始。我馬上反駁說：「不，對於已經重生的人，我們的永恆已經開始了。」我們現在的愛的勞動將永遠繼續下去。然而，那些缺乏聖潔敬畏的人沒有這個應許，事實恰恰相反：「他們的愛、恨，和嫉妒都跟著他們一起消失。」（傳道書 9:6）

敬畏上帝的人不怕壞消息。在這個充斥著社交媒體、主流媒體跟其他大量新聞和八卦的時代，壞消息達到了歷史最高點。很多人害怕未來會發生什麼。但對於那些敬畏上帝的人，他們對未來沒有恐懼或害怕；他們充滿信心和無畏。我們再次被告知：

> 敬畏上主**就有**倚靠；他的家人安全穩妥。（箴言 14:26）

聖潔的敬畏伴隨著內在的信心，這是許多人渴望但難以企及的東西。我有一個朋友，約翰．黑吉（John Hagee），他是德克薩斯州一位備受尊敬的牧師。他敬畏上帝，如同我見過的任何領袖一樣。一九七三年，一名男子走進他的崇拜會，不知何故走到離他八英尺的地方，用一把點三八口徑的左輪手槍開了六槍。約翰牧師自信地站在那裡，一動也不動。所有六顆子彈都沒有擊中他。在我寫這篇文章的時候，他還活著，事件過去了五十年，仍在傳揚福音。在這種情況下，大多數人都會失去鎮定、尖叫、跪下或尋找庇護，約翰沒有動搖，自信地將目光投向槍手。我們被告知：

上主的天使保護敬畏他的人，救他們脫離危險。（詩篇 34:7）

天使被指派來保護那些敬畏上帝的人。後來的法庭鑒定確定，半數子彈在約翰牧師的身體左側六英寸處而未擊中，而另一半的子彈在他身體右側六英寸擦過。槍手在八英尺的距離卻沒有擊中！即使是經驗不足的槍支操作員，也會在八英尺的距離上擊中目標。我們確信是上帝的天使引導子彈偏離。

猶大王約沙法（約沙法特）是一位「以事奉上主為榮」的人（歷代志下 17:6）。在他統治的第三年，他派遣祭司到國內每個城鎮，教導人民上帝的話語。我們讀到：

上主使四周鄰國都不敢跟約沙法王打仗。（歷代志下 17:10）

處於聖潔敬畏之中有極大的保護。另一個聖經的例子是雅各，他指示家人敬畏上帝，拋棄他們的偶像。當他們這樣做了，我們讀到：「雅各和他的兒子們動身的時候，上帝使周圍城鎮的人非常驚慌，不敢追擊他們。」（創世記 35:5）那些致力於敬畏主的人被應許得到如此多的好處。看看這些話語：

> 只要終日敬畏耶和華；因為至終必**有善報**，你的**指望**也不致斷絕。（箴言 23:17-18）

請注意這兩個強調的詞。首先，在希望稀缺的今天，許多靈性領袖將啟發作為他們的主要焦點，而將上帝的話語視為次要補充。雖然會引用一兩節經文來安撫那些認真的聽眾，但主要的重點是他們令人振奮的故事。雖然這些故事在短期內將有助於激勵和感動人們，就像是好萊塢電影，但它們不會有聖潔敬畏應許的持久**回報**。

敬畏上帝在很多方面為我們帶來了回報：心願實現（見詩篇 145:19）、忠實的朋友（詩篇 119:63, 74, 79）、身體的療癒（箴言 3:7-8）、身分認同（詩篇 60:4）以及許多人渴望的生活方向。

> 凡敬畏上主的人，上主會指示他該走的路。他們將享受福樂；他們的子孫將安居在這片土地上。（詩篇 25:12-13）

無法理解為何有人不珍惜聖潔敬畏。我真誠地希望你會看到它的價值，並且不要藏私，要像約沙法王一樣，教導你影響所及的所有人去敬畏上帝。

◆晚上閱讀：尋找聖潔敬畏

主在三十多年前對我說，在這個時代，上帝的最後行動將是強調聖潔敬畏。這次覺醒的巨大好處，是應驗了經文中描述的耶穌即將回歸接受新婦的唯一描述。她不是一個「相關的」教會，儘管相關性在接觸迷失者方面很重要。她不是一個「以領導為主」的教會，儘管領導對於建立一個堅強的教會至關重要。她也不是一個「社區教會」，儘管社區對強大的教會具有關鍵性，因為孤獨對於人來說並不好。這是對他即將回歸找尋新婦的唯一描述：

> 使她榮美、**聖潔**，沒有瑕疵、沒有任何污點或皺紋，好獻給自己。（以弗所書 5:27）

這是一個聖潔的教會！親愛的讀者，由於聖潔，對上帝的敬畏得以完全，這是我們的主對你的誠摯願望，讓你成為這個偉大醒覺中的一個影響者。因此，在我們結束討論的同時，很重要的是如何加強我們的聖潔敬畏。讓我把你帶回令人敬畏和震撼的馬來西亞崇拜中。在祂威嚴和偉大的臨在顯現期間，我在敬畏中戰兢，心裡想著：「約翰．畢維爾，千萬不要做錯一個動作或說錯一句話。」

當我在講台上來回踱步時，我口中說出了一些我第一次聽到的話語，我以前從未考慮過或思考過的。我大膽地宣稱：「這是敬畏主的靈！」突然間，我的腦海中閃爍著光芒。我內心大喊：*對，就是這個，這是聖靈的顯現之一！*我從未將這一切結合在一起，但在經文中，我們被告知耶穌：

> 上主的靈要降在他身上，賜給他智慧、聰明，賜給他謀略、能力，賜給他知識和敬畏上主的心。敬畏上主是他的喜樂。（以賽亞書 11:2-3）

聖靈顯現了七種方式，耶穌在這一切都行得完全，但祂以聖潔敬畏為樂。因此，問題是，我們如何得到敬畏主的聖靈？耶穌告訴我們：「你們雖然邪惡，還曉得拿好東西給自己的兒女；那麼，你們的天父豈不更要把聖靈賜給向他祈求的人嗎？」（路加福音 11:13）

我們只需要向我們的天父求。然而，這不是一個隨便的請求，而是一種來自我們內心的呼喊，拒絕接受拒絕。就在這些話之前，祂告訴我們：「你們祈求，就得到；尋找，就找到。」（路加福音 11:9）這裡強調了堅持不懈。

讓我們回到一九九四年，在一位牧師批評我講關於敬畏主的話時。第二天，在建築工地上，我開始祈禱並問「我做錯了什麼？」，但最終充滿熱情地大聲呼喊著祈求聖潔敬畏。這是一個堅決的請求，一個不接受拒絕的請求。當時，我不知道這一刻的重要性，但現在我回頭看，它是我一生中最重要和轉捩點的事件之一。即使現在，我幾乎每天都會熱切地向我的天父祈求再得到聖潔敬畏的聖靈充滿。讓我們看看聖經中的另一部分，這對我們的討論非常重要。

> 年輕人哪，要學習我的教導，不可忘記我給你的指示。要聽明智的訓言，明白它的意義。是的，要追求知識；要尋求領悟。要像尋求銀子一樣熱心，像搜索寶藏一樣認真。這樣，你就

會領悟什麼是敬畏上主，明白什麼是認識上帝。（箴言 2:1-5）

這裡需要深切的呼求，以及對聖潔敬畏的用心尋找，就像你尋找遺失的鑽石訂婚戒指或失落的黃金首飾一樣，不容忽視。我相信你已經看過關於尋寶者的節目或電影，它們總是傳達出尋找者的不屈不撓。其中一部讓我印象深刻的虛構電影是《國家寶藏》（*National Treasure*）[1]，這部於二〇〇四年上映的電影描述了一位名叫班傑明・蓋茲的男子，他一生都在尋找一個隱藏在十七世紀的財富。他耗盡所有時間和精力，甚至冒著自己的聲譽和自由的風險來尋找。儘管他尋找的東西最終都將在不久的將來消失，但他不懈的堅持可以啟發我們。

如果我們能以同樣的決心來對待神的話語、祂的智慧、神聖的勸告和對主的敬畏，我們將會受到最大的祝福。我們在呼求永不消失的東西，這是神的寶藏。祂沒有把它藏起來不讓我們知道，而是為了我們而藏。祂鼓勵我們尋找它，當我們找到它時，祂也在歡呼。當我們體驗到它的回報時，祂也一同慶祝。

我由衷地希望在聖靈的幫助下，我那個早上在建築工地上誕生的渴望已在你身上誕生——對敬畏主不停止的渴望。將它視為你最寶貴的財富並緊緊抓住它。如果你這樣做，你將愛神所愛、憎惡祂所憎惡；對祂重要的將成為對你重要的事物。你將深愛人民，深切憎惡玷污

1. Jon Turteltaub, dir., *National Treasure*, (2005; Burbank, CA: Walt Disney Entertainment), 2005, DVD.

他們的罪。你將改變你影響所及的世界，並為此而感到歡喜，直到永恆。

請記住，重要的不是我們如何開始這場競賽，而是我們如何結束它。以下兩段經文提供了極大的希望和力量：

> 上帝能**保守你們不至於跌倒**，使你們沒有缺點，能夠歡歡喜喜地來到他榮耀的面前。（猶大書 24）

> 主必定**始終幫助你們**，使你們在我們的主耶穌基督降臨的日子無可指責。（哥林多前書 1:8）

善終是美好生命最重要的一部分，而神賜給我們聖潔的敬畏來實現這一點。很榮幸為你介紹這份珍寶。請不要藏私，這份珍寶足夠給所有的人。與你影響所及的圈子分享這一信息。如果你這樣做，我們將在未來看到更少的傷亡，以及更健康的教會。

現在選擇成為聖潔敬畏的強大轉型運動的一部分，為我們新郎的回歸做好準備。不要站在外面觀望。通過擁抱聖潔的敬畏，你將與我們的新郎建立深厚的親密關係，你的得救將瓜熟蒂落，你將成為非常多產，並建立永恆的傳承。

屬於你的應用練習

經文：上帝能保守你們不至於跌倒，使你們沒有缺點，能夠歡歡喜喜地來到他榮耀的面前。這位獨一無二的上帝，藉著我們的主耶穌基督拯救了我們。願他得到榮耀、威嚴、能力，和權柄，從萬世到現在，直到永遠。阿們！（猶大書 24-25）

要點：善終是美好生命最重要的一部分。藉著神的聖潔敬畏的恩賜，祂會使你保持堅強並無可指責，直到最終。

默想：我需要做什麼來增加我的聖潔敬畏？我是否渴望並因此不懈地追求聖潔敬畏如同寶藏？我會把它視為我最寶貴的財富之一嗎？我應該定期做些什麼來保持它？

禱告：親愛的天父，我向祢呼求，充滿我以主的靈、智慧的靈、明理的靈、謀士的靈、力量的靈、知識的靈，以及聖潔敬畏的靈。使我堅強到底，好叫我在我主耶穌基督的日子無可指責。奉耶穌的名祈禱，阿們。

宣告：敬畏主是我的寶藏。

後記

窺見上帝的偉大

在以色列歷史的某個時刻，上帝試圖透過提出這個問題來提升祂子民的聖潔敬畏：

「誰能跟神聖的上帝相比呢？世上有人像他嗎？」（以賽亞書 40:25）

如果有一個歷史時刻，對這個問題應該深入思考而不是粗淺掠過，那就是現在。在這個時代，人類的「偉大」不斷在社交媒體、主流媒體、電視和其他平台上廣播。天才運動員、好萊塢明星、有天賦的音樂藝術家、商業專家、有魅力的領袖以及其他重要人物的讚譽不斷上演。他們的名聲受到讚揚，雖然看似無害，但這種不斷傳播的人類榮耀阻礙了我們思考和默想上帝榮耀的現實。[1]

大約二十五年前，麗莎和我在撫養四個兒子時，就遇到了這個問題。那個時候，因為沒有應用程式和社交媒體，資訊的流通不像現在這麼普遍。即便如此，我們也注意到了我們的兒子對某位職業籃球球員有點過於感興趣。當時，他是美國最受歡迎的運動員之一，受到許多人的崇拜，甚至數十年後，他的名聲仍然不減。

當時，我們一家人正在東海岸傳道，住在海邊的酒店。我們在海灘上待了幾個小時，剛回到房間。孩子們被大西洋洶湧的浪濤所拋擲和翻滾，都對那個力量感到興奮又受到震撼。

我坐下來跟我們三個比較大的兒子談話。我指著打開的滑動玻璃門，問他們：「孩子們，外面那是一個巨大的海洋，不是嗎？」

他們齊聲答道：「是的，爸爸。」

我繼續說：「你只能看到幾英里，但海洋實際上綿延了數千英里。」

裹在大毛巾裡的孩子們回應道：「哇！」

「而且這個還不是最大的海洋，還有另一個更大的，叫做太平洋；除此外，還有另外兩個。」

孩子們都默默地點頭表示驚訝，我們繼續聽著外面咆哮的海浪聲。

在我們旅行的時候，NBA季後賽正在如火如荼地進行，當時那位籃球巨星的成就不斷地被新聞、ESPN、我們的兒子和他們的朋友談論。我的兒子們對他如何輕鬆地用單手握住籃球印象深刻。我知道我的兒子們已經在某種程度上理解了剛剛所描述的大量的水，於是我問他們：「孩子們，你們知道上帝將你們剛看到的加上我描述的所有的水，都放在祂的手掌裡秤量了

1. 事實與數據源於我數年前寫的書：《*A Heart Ablaze*》第四章〈The Glory of the Lord〉（Nashville, TN: Thomas Nelson, 1999）, 31-44.

嗎？」（以賽亞書 40:12）他們的臉上都露出驚訝的表情。

然後，我用最簡單的話語與他們分享了海洋的大小和威力。如果一顆一英里寬的流星撞擊距離紐約市外海幾百英里的大西洋，它將產生足以摧毀整個美國東海岸、加勒比海以及南美洲大西洋沿海城市的海嘯[2]，不僅如此，它將繼續橫越大西洋，對歐洲和非洲一些沿海城市造成嚴重破壞！然而，這個海嘯的高度不會像大西洋的深度那樣高。因此，我問：「如果整個海水的重量都釋放到人類身上，會發生什麼事？世界各地的海洋中蘊藏著巨大的力量，但上帝把每一滴水都放在祂的手掌中！」

接著，我轉向討論夜空。我問那時已經被吸引住的孩子們：「你們知道聖經還提到什麼上帝的偉大之處嗎？」

「什麼，爸爸？」

「它說上帝能用祂手掌的幅度來測量宇宙。」（以賽亞書 40:12）我在他們面前伸出手，比畫了一下手掌的幅度是從拇指尖到小拇指尖的距離。我在那天問我們兒子的問題，現在我也在這裡問你：「你是否曾經思考過宇宙的大小？」這超出了我們的思維能力。也許如果我們試圖窺視宇宙的浩瀚，我們就能更接近於窺見祂的榮耀。

接下來我寫的內容有一點技術性，但我鼓勵你繼續閱讀，因為我會盡力讓它通俗易懂，就像我對待我們的兒子一樣。當我們思考這些事實時，它會在我們內心激起對上帝偉大的敬畏之情，因為我們被告知：「諸天述說上帝的榮耀。」（詩篇 19:1）

科學家估計宇宙中有數十億的星系，每個星系都包含約一億顆恆星。與星系之間存在的空間相比，這些星系的大小相當小。

我們的太陽位於其中一個星系中。我們的星系如此廣闊，以至於當你在夜晚仰望天空時，你看到的不是宇宙的全景，而只是我們所生活的微小星系（與宇宙相比），它被稱為銀河系。再進一步說，你甚至看到的不是整個銀河系，而僅僅只是它的一部分，因為我們星系中的大多數恆星都距離我們太遠，肉眼是無法看見的。

因此，讓我們來談談每晚用肉眼能看到的星星。除了太陽之外，離地球最近的恆星是一顆距離地球只有4.3光年的恆星。現在，對大多數人來說，這意義不大，所以讓我們來詳細解釋一下。光以每秒 186,282 英里（約三十萬公里）的速度傳播——不是每小時，而是每秒。這大約是每小時約 670,000,000 英里。我們的飛機飛行速度大約為每小時五百英里。所以，正如你所看到的，光的速度是難以想像的！

為了讓你瞭解這有多快，讓我們假設你可以駕駛一架巨型的飛機飛到太陽。當我飛往亞洲

---

2. 自從我最初寫這篇文章以來，已經建立了更先進的科學模型。根據研究，如果一顆隕石撞擊大西洋中央，沿海城鎮可能沒有大礙，但沒有人能確切知道會發生什麼。以下有一些關於這方面的有趣文章：https://www.nytimes.com/1998/01/08 /us/what-if-huge-asteroid-hits-atlantic-you-don-t-want-to-know.html and https://www.space.com/35081-asteroid-impact-ocean-computer-simulations -solar-system.html

時，它在地球的另一側，從我所住的地方，大約需要二十三小時。如果我乘坐同一架飛機直飛太陽，大約需要二十一年！想像一下二十一年前你在哪裡，然後想像從那時到現在的所有時間你都坐在飛機上（希望你有一個靠窗的座位）。對於那些喜歡開車的人……不行，這是無法實現的，因為這將需要大約兩百年，不包括任何的加油站或休息站！現在讓我們問一下，光到達地球需要多長時間？答案是只要八分二十秒！

讓我們離開太陽，轉向最近的恆星。我們已經知道它距離地球只有4.3光年。如果我們製作地球、太陽和最近的恆星的比例模型，它將如下所示。按比例，地球將縮小到一顆胡椒粒的大小，太陽將變成直徑八英寸的球的大小。根據這個比例，從地球到太陽的距離將是26碼，是足球場長度的四分之一。然而，請記住，按照這個比例，要跨越這26碼的距離，需要超過21年。

如果這是地球和太陽的模型，你能猜到最近的恆星離我們的胡椒粒地球有多遠嗎？你認為是一千碼、兩千碼，還是一英里？差得遠。我們最近的恆星將位於距離胡椒粒 4,000 英里的地方！這意味著，如果將我們的胡椒粒地球放在紐約市，太陽，需要21年才能飛到，這將位在紐約市26碼遠的地方；而在我們的比例模型中，最近的恆星將位於洛杉磯，在太平洋上 1,000 英里以外！要用飛機到達這顆最近的恆星大約需要五一〇億年，不間斷地飛行！那是 51,000,000,000 年！然而，這顆恆星到地球的光線只用了4.3年！

讓我們再進一步擴展，你用肉眼在夜間看到的大多數星恆星，距離地球是一百到一千光年。然而，有一些距離高達四千光年（請記住，這些甚至不是我們微小星系中最遠的恆星）的恆星用肉眼也可以看到，我甚至不會嘗試計算飛機到達其中一顆這樣的恆星需要多長時間。但想像一下：當你在夜晚出去看一個距離地球四千光年的恆星時，你實際上正在看著的那顆恆星的光線離開那顆恆星的時間，大約是亞伯拉罕娶撒拉的時間，它以每小時 670,000,000 英里的速度，從未減速，現在才到達地球！

請記住，這些只是位於我們被稱為銀河系的微小星系的恆星。我們甚至還沒有冒險去過其他數十億個星系！不要忘記，星系之間大多是廣闊的太空！像是，我們有一個非常接近的鄰近星系，名為仙女座星系。它距離我們大約二百三十萬光年！想想看，光以每小時 670,000,000 英里的速度，在兩百多萬年內，才能從那個星系到達我們的地球！而它是我們最近的鄰近星系。還有數十億其他星系！是否已經超出了我們理解能力的範圍了？

再次提醒你，以賽亞書宣告上帝用他的拇指和小拇指測量了這個廣闊的宇宙！事實上，所羅門藉著上帝的靈宣告：「上帝啊，你果真會住在地上嗎？即使是無邊的天際也不夠容納你」（列王紀上 8:27）。你已經開始對我們所討論的有一些概念了嗎？

在我與兒子們分享這些後，這位 NBA 超級巨星的地位回到了適當的位置。他們在思考創造者的偉大後，不再對他的才能抱持不健康的敬畏。

但對於你，讀者，我想再深入一步。我們在天上的父不僅創造了驚人的作品，祂在細微處也宣告了祂的榮耀。科學界投入了多年的時間和大量資金來研究這個自然世界的運作，他們仍然只瞭解了一小部分那些投入創造的智慧，還有許多未解之謎。祂的設計和建築仍然是奇跡。

所有形式的生命都是以細胞為基礎，它是人體、植物、動物和其他所有生物的基石。人體本身就是一個工程奇蹟，包含大約 100,000,000,000,000 個種類繁多的細胞（你能理解這個數字嗎？）。在祂的智慧中，上帝指派這些細胞執行特定的任務。它們生長、繁殖，最終死亡——按計畫進行。

雖然肉眼看不見，但細胞並不是人類已知的最小粒子。細胞由無數稱為分子的微小結構組成，而分子由稱為元素的更小結構組成，而在元素內部可以找到稱為原子的更小結構。原子如此之小，以至於這個句子末尾的句點即已包含超過十億個原子。原子雖小，但幾乎完全由空間組成。原子的其餘部分由質子、中子和電子組成。質子和中子聚集在原子中心的一個極小而密度極高的原子核中。而稱為電子的微小能量束，以光的速度繞著原子核快速運行。這些是把所有東西緊密連接在一起的核心建構模塊。

那麼原子從哪裡獲得能量？是什麼力量將其能量粒子團聚在一起？科學家稱之為電磁力和核力。這只是一些描述仍無法完全解釋的科學術語。因為上帝已經說過，他是「用他大能的話托住萬有」（希伯來書 1:3）。〈歌羅西書 1:17〉說：「萬有也藉著他各得其所。」

停下來仔細思考。這裡是我們稱之為天父的榮耀造物主，即使宇宙也無法容納祂。祂可以用祂的手指測量宇宙，但祂對微小的地球和漫遊其中的生物的設計如此鉅細靡遺，以至於現代科學經過多年的研究仍然有許多未解之謎。難怪詩篇的作者呼喊：

我仰視你親手創造的天空，觀看你陳設的月亮星辰。啊，人算什麼，你竟顧念他！必朽的人算什麼，你竟關懷他！（詩篇 8:3-4）

我想這就是總結了。如果我要猜的話，詩人可能是在表達圍繞上帝寶座的一個巨大天使的思想。由於上帝的威嚴和廣大，他們繼續高呼「聖哉」。這些天使見證了上帝創造的廣闊宇宙及其複雜性，然後見證了人類的創造，並呼喊：「這是什麼？為什麼上帝如此關注這個小小星球上的這些微不足道的人類？」

在我與孩子們談話之後，他們不再被現代名人的榮耀所吸引和吞噬。他們明白，在我們星球上的任何偉大都相形見絀於我們的上帝的偉大。我希望這個後記對你也有同樣的影響。思考你所讀的，細思上帝通過先知以賽亞向他的子民提出的問題：「誰能跟神聖的上帝相比呢？世上有人像他嗎？」（以賽亞書 40:25）。

當然，可以寫很多關於祂創造的奇妙和智慧的書。但這不是我的意圖。我的目的是喚醒對祂手中作品的驚奇和驚嘆，因為它們宣告了祂的偉大榮耀！

附錄

延伸閱讀

影片及其他加碼內容

點擊下方的 QR code 可以獲得以下額外內容：

- 42 個短影片加強核心理念，引導進行更深入、更個人化的旅程。
- 有關學習指南和影片課程的訊息，專為小組而創建，以建立社區並加強地方教會。
- 其他資料，展示如何獲得對主的聖潔敬畏。

國家圖書館出版品預行編目資料

敬畏神,讓你無所畏懼 : 6週領受改變你一生的智慧 / 約翰.畢維爾 (John Bevere) 著 ; 陳建宏譯. -- 初版. -- 臺北市 : 啟示出版 : 英屬蓋曼群島商家庭傳媒股份有限公司城邦分公司發行, 2024.06
面 ; 公分. -- (Talent系列 ; 64)

譯自 : The awe of God : the astounding way a healthy fear of God transforms your life.

ISBN 978-626-7257-43-2(平裝)

1.CST: 基督徒 2.CST: 信仰 3.CST: 生活指導

244.9 113007531

線上版讀者回函卡

Soul系列064

敬畏神，讓你無所畏懼：6週領受改變你一生的智慧

作　　者／約翰・畢維爾（John Bevere）
譯　　者／陳建宏
企畫選書人／周品淳
總 編 輯／彭之琬
責任編輯／白亞平、周品淳

版　　權／吳亭儀、江欣瑜
行銷業務／周佑潔、周佳葳、林詩富、吳藝佳
總 經 理／彭之琬
事業群總經理／黃淑貞
發 行 人／何飛鵬
法律顧問／元禾法律事務所王子文律師
出　　版／啟示出版
台北市南港區昆陽街 16 號 4 樓
電話：(02) 25007008　傳真：(02)25007759
E-mail:bwp.service@cite.com.tw
發　　行／英屬蓋曼群島商家庭傳媒股份有限公司城邦分公司
台北市南港區昆陽街 16 號 8 樓
書虫客服服務專線：02-25007718；25007719
服務時間：週一至週五上午09:30-12:00；下午13:30-17:00
24小時傳真專線：02-25001990；25001991
劃撥帳號：19863813；戶名：書虫股份有限公司
讀者服務信箱：service@readingclub.com.tw
城邦讀書花園：www.cite.com.tw
香港發行所／城邦（香港）出版集團有限公司
香港九龍土瓜灣土瓜灣道86號順聯工業大廈6樓A室
電話：(852)25086231　傳真：(852)25789337　E-MAIL：hkcite@biznetvigator.com
馬新發行所／城邦（馬新）出版集團【Cite (M) Sdn Bhd】
41, Jalan Radin Anum, Bandar Baru Sri Petaling, 57000 Kuala Lumpur, Malaysia.
電話：(603) 90578822　傳真：(603) 90576622
Email: cite@cite.com.my

封面設計／王舒玗
排　　版／芯澤有限公司
印　　刷／韋懋實業有限公司

■2024 年 6 月 18 日初版

Printed in Taiwan

定價460元

The Awe of God: The Astounding Way a Healthy Fear of God Transforms Your Life

城邦讀書花園
www.cite.com.tw

 ISBN 978-626-7257-43-2